15 Platz mit Aussicht auf Pulkau
16 drei Ahornbäume
17 Ziersträucher
18 Pergola
19 Apfelbaum, Tisch und Holzbänke
20 Pappeln und Haselnußsträucher
21 Gemüsegarten
22 Tür zum Gemüsegarten
23 Zaun
24 Mirabellbaum
25 zum Herrn Rakonitsch
26 Obstbäume
-Mittlere Wiese-
-Obere Wiese-
D1720530

Renée Nebehay

Petersilie, Suppenkraut wächst in unserm Garten

Annette Betz Verlag

CIP-Kurztitelaufnahme der Deutschen Bibliothek

Nebehay, Renée:
Petersilie, Suppenkraut wächst in unserm Garten/
[Renée Nebehay, Ill. von Wolfgang Stracke.
Engl. Orig.-Text u. deutschsprachige
Übers. von Renée Nebehay]. – Wien, München:
Betz, 1979.
ISBN 3-7641-0147-4

B 149/1

Umschlag und Illustrationen von Wolfgang Stracke
Englischer Originaltext und deutschsprachige
Übersetzung von Renée Nebehay

Papier und Gesamtherstellung: Salzer - Ueberreuter, Wien
Printed in Austria

Inhalt

Frühling

Sommer

Herbst

Winter

Für Christian, der es weiß

Die Sonne und der Winterling

»Guten Morgen«, sagt der Winterling zur Sonne. »Du kommst aber spät!«
»Was heißt spät?« ärgert sich die Sonne. »Ich war vor dir hier.«
»Das stimmt nicht«, erwidert der Winterling. »Ich bin immer der erste im Garten, und dich habe ich bisher nicht gesehen.«
»Mag sein«, sagt die Sonne. »Aber bloß weil du der erste im Garten bist und Ominée die Hände vor Freude zusammenschlägt, wenn sie dich sieht, ist das noch lange kein Grund, so eingebildet zu sein.«
Während der Winterling nach einer vernichtenden Antwort sucht, fährt die Sonne fort:
»Außerdem, wenn du glaubst, daß du der erste bist, dann irrst du dich aber gewaltig. I c h bin nämlich die erste. Ich bin nicht nur die erste, ich bin die ganze Zeit hier, nur sieht man mich nicht, wegen der Wolken, die im Weg stehen. Im Winter haben die Wolken nichts zu tun, daher sitzen sie in ihren grauen Mänteln mit grauer Miene herum, und wenn ich spazierengehen will, hocken sie alle auf meiner Haustreppe, und ich kann nicht heraus. Erst jetzt, im März, wachen sie auf und setzen sich in Bewegung. Hier kommt eben eine.«
Ein riesiger Knäuel weißer Watte kommt über den Himmel gejagt, fährt glatt über die Sonne und verschwindet.
Eine Sekunde lang ist dem Winterling kalt, er fröstelt.

»Diese Wolken haben wirklich keine Manieren«, sagt die Sonne. »Schießt mir glatt vor den Bug und gibt sich nicht einmal Mühe, sich zu entschuldigen.«
»Warum fliegt sie so schnell?« fragt der Winterling.
»Aus keinem wie immer gearteten Grund«, sagt die Sonne. »Sie glaubt, nur weil sie einen neuen weißen Mantel hat, darf sie herumgaloppieren und sich wichtig machen. Es wird aber nicht mehr lang dauern: wenn der Mai einmal da ist, wird sie sich beruhigt haben, und ich werde so stark sein, daß sie es nicht mehr wagen wird, mit mir herumzuspielen.«
»Im Mai werde ich nicht mehr da sein«, sagt der Winterling traurig. »Wie ist es im Mai?«
»Ach, was du alles wissen willst!« sagt die Sonne. »Soll ich dir das wirklich erzählen?«
»O ja, erzähl es mir, bitte!« sagt der Winterling.
Also erzählt die Sonne vom Garten im Mai, von der Magnolie und den Rhododendren und den Pfingstrosen und den Rosenknospen, die so dick sind, daß sie jeden Augenblick platzen müssen. Den ganzen Tag erzählt die Sonne, von den Amseln, die in der Kletterrose und im Efeu nisten, vom Pirol, der aus Afrika kommt und mit seinen durchdringenden Rufen den Sommer ankündigt, von den warmen Mondnächten, in denen die Nachtigall ihre allersüßesten Melodien singt.
Der Winterling lauscht den Erzählungen der Sonne, und sein kleines, nach oben gerichtetes Gesicht wird immer trauriger.
»Ach, könnt' ich nur im Mai hier sein!« sagt er und stößt einen langen, langen Seufzer aus.
Die Sonne, die ein weiches Herz hat, obwohl sie doch so hitzig ist, sagt:
»Mach dir nichts draus! Wenn du im Mai hier wärst, dann wärst du nicht der erste im Garten. Übrigens, ist es dir schon aufgefallen, daß wir einander sehr ähnlich sind, du und ich? Wir haben beide runde gelbe Gesichter, und wir haben beide Halskrausen, nur besteht die meine aus Strahlen und die deine aus grünen Blättern. Gute Nacht.«

Während die Sonne hinter der Efeumauer untergeht, sieht der Winterling, daß sie einander wirklich ähnlich sind. Es wird ihm ganz warm ums Herz. Und als die Sonne verschwunden ist und die Luft kalt wird, zieht er seine Halskrause zusammen und schläft ein.

Das Rosenritual

Solltest du an einem Märztag, wenn die Sonne endlich etwas kräftiger scheint und du glaubst, das Steigen der Säfte in den Bäumen zu hören – solltest du, wie gesagt, an so einem Tag aus dem offenen Fenster in den Garten schauen, dann könnte es sein, daß ein seltsames Brummen an dein Ohr dringt.

Ein Flugzeug? Die ersten Bienen?

Mitnichten. Es ist Ominée, die versucht, eine Entscheidung zu treffen, ob die Zeit des Rosenschnitts gekommen sei. Die Brille auf der Nasenspitze, beugt sie sich über die Rosenstöcke und murmelt:

»Na, ich weiß nicht ... Es könnte soweit sein ... Ich weiß aber wirklich nicht ...« Dann kehrt sie mit hängenden Schultern ins Haus zurück. Man sieht ihr an, daß die Natur ihr wieder einmal einen Strich durch die Rechnung gemacht hat.

Es ist noch nicht so weit.

Ein paar Tage später jedoch – die Strahlen der Sonne werden immer wärmer – ertönt der Ruf:

»Aber jetzt!«

Ominée kommt ins Haus, sie kommt nicht, sie läuft, in die Küche hinein läuft sie, holt die Gartenschere aus der mittleren Lade der Anrichte, und läuft wieder hinaus. Jede ihrer Bewegungen strahlt freudige Entschlossenheit aus.

Schnipp, schnipp, schnipp, geht es den ganzen Vormittag, mit grimmiger Konzentration. Beim Rosenschnitt sollte man Ominée besser nicht stören.

Vielleicht fragst du dich: Warum das ganze Theater? Wieso ist für den Rosenschnitt ein Tag günstiger als der andere? Und warum muß Ominée die Rosen überhaupt schneiden?
Das ist ganz einfach.
Mit den Rosen ist es nicht so wie mit den Bäumen, deren Zweige Jahr für Jahr wachsen und dicker werden. Die Stämme der Rosen fangen nach einer Weile an, von oben nach unten abzusterben, so daß die Spitze trokken und holzig wird, während der untere Teil grün bleibt. In diesem unteren Teil bilden sich die Knospen, die später zu neuen Trieben werden. Schneidest du das tote Holz an der Spitze nicht weg, bleibt nicht nur ein Durcheinander von lebenden und toten Stämmen (was häßlich ist), sondern das tote Holz hindert darüber hinaus den lebenden Stamm, zu wachsen und gute Blüten zu tragen (was ungesund und ärgerlich ist).
Daher muß das tote Holz jeden Frühling, ungefähr zu der Zeit, wenn der Saft anfängt zu steigen und die ersten Knospen auf den grünen Stämmen erscheinen, abgeschnitten werden. Das nennt man den Rosenschnitt.
Aber warum das ganze Theater, fragst du noch einmal. Warum hat Ominée so lange Selbstgespräche gehalten und so lange gebraucht, bis sie die Gartenschere aus der Anrichte holte?
Das hat einen Grund: Wenn sie eine Rose zurückschneidet, wird der steigende Saft in die Knospen unter der Schnittstelle abgeleitet, und diese schwellen an und bilden neue Stämme. Schneidet Ominée zu früh, könnte ein später Frost die jungen Triebe verbrennen, und das wäre ihr Ende. Schneidet sie aber zu spät, kommt der Saft die Stämme heraufgeschossen, und zwar mit solchem Schwung, daß er buchstäblich aus der Schnittwunde spritzt. Verlust an Saft bedeutet aber Verlust an Kraft: die Stämme werden schwach, die Blüten klein und spärlich, und Ominée wird sich bei jedem Gast für die Rosen entschuldigen müssen.
Kein Wunder also, daß sie so lange braucht, bis sie sich zum Schneiden entschließt. Es gibt übrigens Leute, die glauben, daß es besser ist, Rosen im Herbst zu schneiden. »Unsinn!« sagt Ominée, und damit ist das Thema erledigt.

Schnipp, schnipp, schnipp. Aber nicht einfach irgendwie. Nicht sorglos vor sich hin. Es gibt nämlich Rosenschnittgesetze.
Zuerst schneidet Ominée das tote Holz weg. Dann räumt sie mit den dünnen, schwachen Stämmen auf, ob sie Knospen tragen oder nicht, denn diese Stämme werden keine schönen Blüten hervorbringen und nehmen dem Stock die Kraft.
Dann kommt der wichtigste Teil der Arbeit: der Schnitt der gesunden Stämme. Ominée schneidet sie etwa auf die Hälfte ihrer Länge, und zwar setzt sie den Schnitt immer einen Zentimeter oberhalb einer nach außen wachsenden Knospe. Das bewirkt, daß der neue Stamm nach außen wächst und die Mitte des Stocks frei bleibt. Dadurch sieht der Rosenstock ordentlicher aus und die Blüten haben mehr Platz.
Und noch eine zweite Regel beachtet Ominée: Sie setzt den Schnitt schräg weg vom Trieb, damit der Regen abfließen kann und sich nicht auf den Knospen sammelt, die sonst verfaulen würden.
Jetzt weißt du also, was Ominée tut, wenn sie mitten in den Rosen steht, gebückt, durch die Brille lugt und losschnippt, total geistesabwesend.
Das Rosenritual hat begonnen.

Wildes Pferd im Küchengarten

Heute hat Ominée mit dem Anlegen eines neuen Küchengartens begonnen. Sie sagt, das Gemüse sei heutzutage so teuer, daß man es unbedingt selbst pflanzen müsse, außerdem schmecke es frisch aus dem Garten doppelt so gut.
Also hat Großvater ein großes Stück der oberen Wiese mit dem Motorkultivator umgestochen. Wir nennen das Gerät das »Wilde Pferd«, weil es sehr stark ist und wie ein Wildwestpferd bockt. Ab und zu geht es durch, und Großvater läuft ihm verzweifelt nach, mit rotem Kopf und furchtbar

fluchend. Einmal schleppte ihn das Wilde Pferd bis in Nachbars Weingarten und mähte eine ganze Reihe Weinstöcke nieder, ehe er es zum Halten bringen konnte.
Ist es aber einmal gut aufgelegt, dann zermahlt es die Erde bröselfein, ja es wird sogar mit dem zähen, groben Gras der oberen Wiese fertig und macht ihm den Garaus.
Ominée grenzt eine Ecke des von Großvater umgestochenen Grundes ab, und das ist mein eigener, privater Küchengarten. Er wird genau wie der große Garten angelegt: Heute fangen wir mit Erbsen, Karotten und Lauch an, je drei Reihen. Ominée hat in einer Samenhandlung Trockenerbsen gekauft, und die legen wir ungefähr drei Zentimeter tief in die Erde, in einem Abstand von ebenfalls drei Zentimeter. Dann treten wir die Erde fest, damit die Vögel die Erbsen nicht herauspicken. (Das ist übrigens reine Illusion. Während ich meine Erbsen in einer Reihe in die Erde lege, hüpft in der Nähe eine Amsel herum und beobachtet interessiert mein Tun. Ich möchte wetten, daß sie sehr genau weiß, wo jede einzelne Erbse steckt!)
Dann kommen Karotten und Lauch daran. Dabei achten wir darauf, daß wir den Samen nicht zu dicht legen. Allerdings gelingt mir das nicht immer – Ominée übrigens auch nicht. Stehen die Sämlinge aber zu dicht, dann sind sie einander im Weg und haben nicht genug Platz, um ordentlich zu wachsen. Man muß sie dann vereinzeln, das heißt, die überzähligen Pflanzen entfernen und nur die kräftigen stehenlassen. Dabei kann es passieren, daß man die Wurzeln der stehenbleibenden Pflanzen beschädigt.

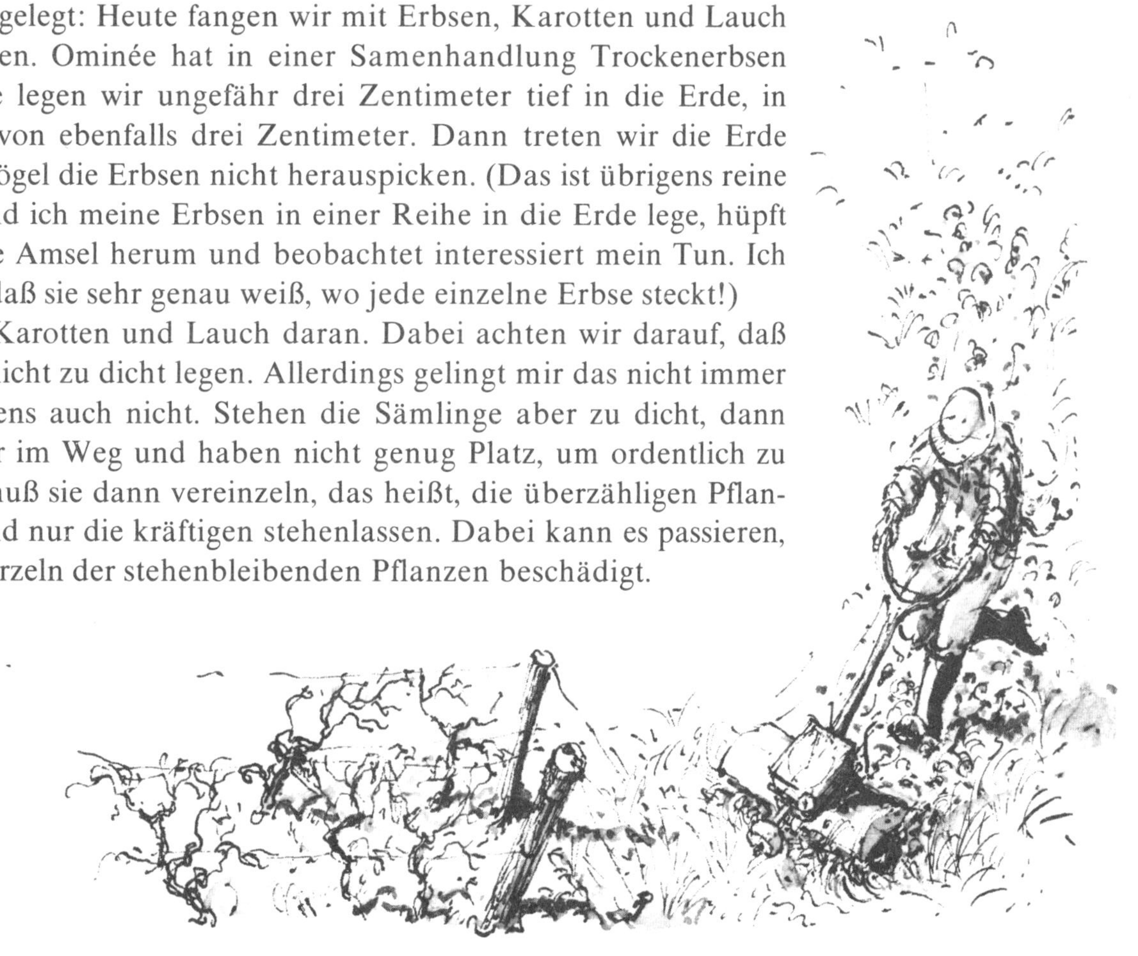

Zum Säen ziehen wir ganz seichte Vertiefungen in die Erde, in möglichst geraden Reihen, legen die Samen hinein, schieben dann die Erde wieder zurück und treten sie fest.
An einem Ende meines Küchengartens hat Großvater drei lange Pfähle in die Erde gesteckt. Am oberen Ende jedes Pfahls hat er einen Nagel eingeschlagen, und an diesem Nagel befestigt er vier Längen Schnur. Jede Schnur reicht bis zum Boden und wird an einen Holzpflock gebunden, der ungefähr dreißig Zentimeter vom Mittelpfahl entfernt in der Erde steckt. Es sind also vier Pflöcke und vier Schnüre, und das Ganze sieht aus wie ein Zelt ohne Wände.
Rund um jeden Pflock drücke ich vier große dicke Bohnen in die Erde. Sie werden bis zur Höhe des Mittelpfahls die Schnüre entlang hinaufklettern, deshalb stehen sie am Nordende meines Gartens, damit sie keinen Schatten auf die anderen Pflanzen werfen und den Garten vor dem kalten Nordwind schützen.
Zum Schluß wird alles gut gewässert. Ich besitze meine eigene Gießkanne. Sie ist mit einer Brause versehen, dadurch fließt das Wasser in einem Sprühregen heraus, und die Samen ertrinken nicht sofort.
Jetzt heißt es warten, bis der erste zarte Keimling auftaucht. Ominée sagt, das Warten sei eine der Freuden des Gartens. Das ist einer der Sprüche, die sie mit schöner Regelmäßigkeit von sich gibt. Ich bin überzeugt, daß dieser Spruch sehr weise ist, aber Ominée versteht eben nicht, daß ich nicht so lange warten kann, wenn es einen Monat dauert, bis das erste, langersehnte Blättchen erscheint!
Am Tag nach der Aussaat gehe ich also heimlich zu meinem Garten hinauf, kratze an der Erde und bin sehr erstaunt, daß nichts wächst.
Ominée wird sehr böse, als sie dahinterkommt. Wenn ich so weitermache, wird überhaupt nichts wachsen, sagt sie. Die Samen brauchen Ruhe, und wenn ich die Erde wegkratze, werden sie fürchterlich erschrecken oder sich erkälten, und dann werden sie sterben.
Das mit dem Erkälten stimmt übrigens. Heute habe ich das Ohr an den Boden gelegt und ein ganz leises Niesen gehört.

Sorgenkinder

Ominée steht auf der Treppe vor dem Eingang zum Haus. Die Arme hat sie auf die Hüften gestützt, der Kopf ist zur Seite geneigt und die Stirn ist voll Sorgenfalten. Ihr Blick ruht auf einem ihrer Sorgenkinder: dem Rasen unter dem Maulbeerbaum. Er sieht – gelinde gesagt – häßlich aus.

Ominées Sorgenkinder sind einem seltsamen Rhythmus, einer Art von fataler Regelmäßigkeit unterworfen: der Rasen unter dem Maulbeerbaum macht da keine Ausnahme. Jedes Jahr, Anfang März, nach der Schneeschmelze, geht Ominée zu der ominösen Kahlstelle und schüttelt den Kopf.

»Ich verstehe das nicht«, hört man sie zu sich selbst sagen. »Vorigen Frühling habe ich frisch gesät, den ganzen Sommer war alles in bester Ordnung, und jetzt bleibt nichts übrig.« Und sie schaut ganz traurig drein.

Fühlt sie sich aber beobachtet, dann reißt sie sich zusammen und sagt energisch: »Macht nichts, wir wissen alle, daß Gras unter Bäumen, wo keine Sonne hingelangt, schwer wächst. Der beste Gärtner weiß da keinen Rat. Es bleibt uns nichts übrig, wir müssen die Stelle wieder umstechen und neu säen.«

Und so geschieht es. Großvater holt das Wilde Pferd, das wie immer mit ihm durchgeht und um ein Haar die ganzen Rosen vernichtet hätte. Es beruhigt sich aber, und bald ist die Kahlstelle aufgekaut und ähnelt schwarzen Bröseln. Dann säen Großvater und Ominée: sie werfen den Samen mit weit ausladenden, eleganten Bewegungen, zuerst in der Länge der Kahlstelle und dann in der Breite, damit keine Lücken entstehen. Anschließend rechen sie den Samen leicht ein, gleichfalls in beiden Richtungen. Dann legen sie Bretter auf die Erde und gehen auf den Brettern auf und ab, um den Samen in die Erde hineinzupressen und die Erde festzutreten. Diese letzte Prozedur sieht aus wie ein afrikanischer Stammes-

tanz, hat aber den Zweck, einerseits den Vögeln das Herauspicken des Samens zu erschweren, und andererseits das Entstehen von Luftlöchern zu vermeiden, in die Kälte eindringen könnte.

Was die Vögel betrifft, so fürchte ich, daß Ominée etwas optimistisch ist, denn sie sitzen schon alle im Baum aufgereiht und schauen aufmerksam zu.

»Es ist nur eine Frage der Zeit!« sagt Ominée flott und öffnet den Wasserhahn. Mit dem Gartenschlauch gießt sie all die lieben kleinen Samen, die bald treiben und einen wunderschönen smaragdgrünen Teppich unter dem Baum bilden werden.

Eine Woche geht vorbei. Zwei Wochen. Drei Wochen.

Dann, eines Tages, ertönt der Triumphschrei: »Das Gras wächst!«

Wir stürzen alle hinaus und finden Ominée, bäuchlings auf dem Boden liegend und durch eine Lupe spähend. Mit bestem Willen sieht keiner von uns in der riesigen, unerbittlich nackten Fläche etwas, das auch nur im entferntesten einem Grashalm ähnlich wäre. Großvater schnaubt und geht ins Haus zurück.

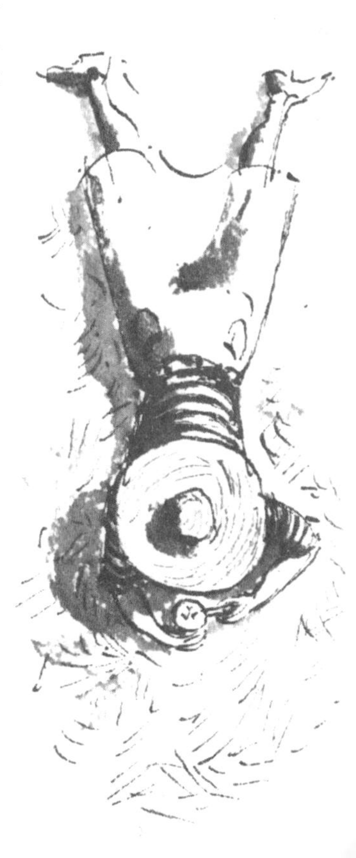

Aber siehe da: Eine Woche später – in der Tat! – sieht man einen grünlichsilbrigen Schimmer auf der Erde, einen Flaum wie auf einem frisch geschlüpften Kücken. Wir stehen alle herum und bewundern. Ominées Phantasie ist sichtlich an der Arbeit: schon sieht sie den makellosen Rasen, frei von Löwenzahn, smaragdgrün und dicht wie ein persischer Teppich. Wie die Abbildung in den Samenkatalogen.

Großvater – er war nie ein Diplomat – murmelt: »Bisserl fleckig, was?« Und damit ist der ganze Zauber dahin. Auf einmal merken wir alle, daß der Rasen so . . . also, wie soll man das sagen? . . . irgendwie unregelmäßig ist. Etwa wie Großvaters Kinn, nachdem er sich bei schlechtem Licht rasiert hat. Aber keiner von uns wagt es, noch etwas zu sagen. Wir überlassen es Ominée, auf der Treppe zu stehen – den Kopf zur Seite geneigt, die Stirn in Falten gezogen – und die kargen Früchte ihrer Arbeit zu betrachten.

Es gibt noch ein weiteres Sorgenkind: die Hainbuchenhecke. Ominée und

Großvater haben sie vor vier Jahren zu Ostern gepflanzt. Sie sagten, die Hecke würde wundervoll dicht werden und den Wind von der mittleren Wiese abhalten.
Im ersten Jahr hatten wir eine Doppelreihe fachgemäß gepflanzter, gut gegossener, zurechtgeschnittener Besenstiele.
»Nur Geduld«, sagte Ominée, »man darf nicht erwarten, daß das alles sofort wächst. Die Stöcke müssen sich ein Jahr nach dem Pflanzen ausruhen.«
Im Winter kam ein strenger Frost, und von drei Stöcken ging einer ein. Die anderen brachten im Frühling Triebe, die von Ominée ekstatisch begrüßt wurden, aber leider umgehend austrockneten. Also keine Blätter. Im dritten Jahr zeigten sich doch Blätter, es gab aber, versteht sich, Lücken in der Hecke. Ominée mußte daher neue Stöcke kaufen und pflanzen. Der folgende Sommer brachte eine zweimonatige Trockenheit, der ungefähr ein Drittel der Hecke zum Opfer fiel.
Jetzt sieht die Hecke aus wie eine alte Frau, die viele Zähne verloren hat. Man spricht nicht mehr darüber.
»Macht nichts«, war Ominées letztes, tapferes Wort. »Es gehört dazu. Man lernt nie aus.«
Großvater nennt es den Triumph der Hoffnung über die Erfahrung.

Der Segelfalter schlüpft

Großvater reißt die Tür meines Zimmers auf. Wenn man bedenkt, wie früh am Morgen es ist, scheint er ungewöhnlich aufgeregt.
»Aufstehen! Los!«
Da das eine ziemlich rüde Art ist, mich zu wecken, drehe ich mich empört um und schlafe weiter.
Die Tür wird von neuem aufgerissen, diesmal noch weiter.

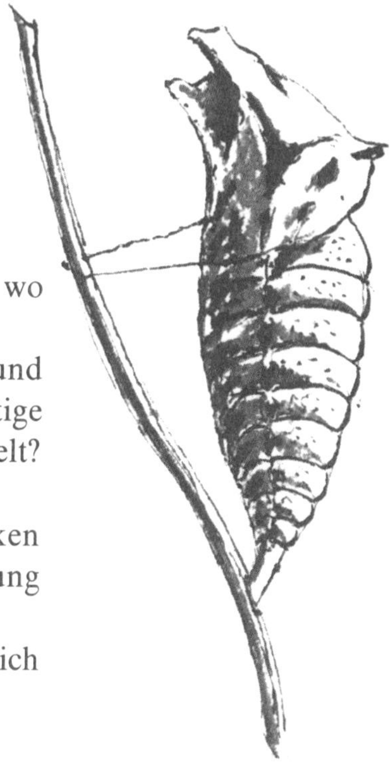

»Mach schnell, sonst kommst du zu spät! Der Segelfalter schlüpft!«
Segelfalter? Was heißt hier Segelfalter?
Ach du liebe Zeit!
Ich springe mit einem Satz aus dem Bett und laufe barfuß in die Küche, wo die anderen vor dem Fenster stehen und aufmerksam etwas anstarren.
»Der Segelfalter versucht, aus der Haut zu schlüpfen«, sagt Großvater und zeigt auf eine der Schmetterlingspuppen am Fensterrahmen, die ruckartige Bewegungen macht. »Siehst du, wie er mit den Hinterbeinen strampelt? Jetzt dauert es nicht mehr lang.«
Großvater hat kaum zu Ende gesprochen, als die Haut auf dem Rücken der Puppe zu platzen beginnt. Nach und nach erweitert sich die Öffnung und ein Paar Füße kommt zum Vorschein.
»Das sind seine Vorderbeine«, sagt Großvater. »Paß auf, jetzt wird er sich mit Hilfe dieser Vorderbeine aus der Haut befördern.«
Eine mühsame Angelegenheit!
Der Segelfalter zieht, stößt, zieht, stößt – man könnte glauben, der Arme wird nie die Kraft haben, aus diesem Gefängnis zu entkommen. Aber siehe da, mit einem letzten Stoß befreit er seine Hinterbeine, und da liegt er nun, sichtlich erschöpft. Alles ist vorhanden: Kopf, Fühler, Rüssel, Beine . . .
»Ich sehe keine Flügel«, sagt Ominée.
»Die sind schon da«, sagt Großvater, »aber sie sind so eng auf seinem Rücken aufgerollt, daß du sie nicht siehst. Paß auf, was jetzt geschieht.«
Der Segelfalter, noch schwach und naß, bewegt sich auf das Fenster zu und klettert auf den Musselin hinauf.
»Erinnerst du dich noch?« sagt Großvater. »Als Ominée den Musselin am Fenster aufspannte, wolltest du wissen, warum sie das tut. Jetzt weißt du den Grund. Der Schmetterling klettert hinauf und bleibt am Musselin hängen, bis sich seine Flügel entfalten und er fliegen kann. Er trocknet sich in der Morgensonne. Während er sich an den Musselin klammert, wächst er ständig. Mit seinen Muskeln pumpt er eine Flüssigkeit in die Flügel, so daß sie steif werden – so wie du Luft in den Reifen eines Fahrrads pumpst. Schau, jetzt fängt er damit an.«

Gebannt schauen wir alle zu, wie die Flügel sich langsam mit rhythmischen Bewegungen entfalten. Nach einer Weile scheint die Anstrengung für den Segelfalter zu groß zu sein. Die Bewegungen hören auf.
»Wir müssen ihm Zeit lassen«, sagt Großvater, »es wird etwa zwei Stunden dauern, bis er fertig ist. Gehen wir frühstücken.«
Das ist sicher das unruhigste Frühstück aller Zeiten. In unserer Familie gibt es eine Regel: kein Kind darf den Tisch verlassen, ohne vorher um Erlaubnis gebeten zu haben. Aber heute achtet niemand auf diese Regel: alle paar Sekunden springt einer auf, um nachzusehen, wie weit der Segelfalter ist. Sogar Großvater – der höchst ungern eine Mahlzeit unterbricht – kann es nicht lassen und schließt sich der Prozession an.
Obwohl der Segelfalter fleißig an der Arbeit ist, ändert sich die Lage kaum. Als wir mit dem Frühstück fertig sind, wirft Ominée einen letzten Blick auf das Fenster.
»Ah!« sagt sie laut.
Wir stürzen hin und sagen, wie aus einem Mund, ebenfalls »Ah!« Vor unseren Augen entfalten sich langsam die Flügel des Segelfalters und erreichen ihre volle Spannweite, wie die Segel einer Fregatte, die vor dem Wind läuft. In tiefem Schweigen sehen wir zu, wie der Schmetterling die Flügel schlägt, so als ob er Lockerungsübungen machen würde.
Großvater geht zur Küchentür und öffnet sie.
»Jetzt wird er hinausfliegen wollen«, sagt er nüchtern, aber man merkt, daß er tief gerührt ist, so wie wir alle. »Er wird hungrig sein, und die Obstblüte wartet auf ihn. Er holt sich nämlich den Nektar, genauso wie die Bienen.«
In diesem Augenblick schlägt der Schmetterling kräftig mit den Flügeln, hebt sich vom Fensterbrett, flattert über unseren Köpfen, zieht eine Runde durch die Küche, als ob er Abschied nehmen würde, und segelt durch die offene Tür in den goldenen Frühlingstag hinaus.
Wir schauen ihm sehnsüchtig nach. Ich heule fast, aber Ominée, praktisch wie immer, sagt:
»Und was ist mit den anderen Schmetterlingen?«

»Die kommen auch noch«, sagt Großvater. »Aber die Nachtfalter werden wahrscheinlich in der Nacht schlüpfen.«
Ich laufe in den Garten hinaus, den Hang bei der Scheune hinauf zur oberen Wiese, wo die Marillenbäume blühen. Aufmerksam gehe ich von einem Baum zum anderen, sehe aber nichts als die Bienen, deren Summen die Luft erfüllt. Enttäuscht wende ich mich ab. In diesem Moment trifft mein Blick auf ein schwarz-weißes Etwas, ein Aufleuchten von Flügeln.
Der Segelfalter sitzt auf einer weißen Blüte. Mit seinem Rüssel bohrt er, auf der Suche nach Nektar, tief in das Blütenherz hinein. Seine prachtvollen Flügel flattern ununterbrochen.
Jetzt weiß ich, daß er glücklich ist.

Die Bischofspflanze

Aprilwetter. Die beiden Zypressen in der Gartenecke drehen und wenden sich so wild im Sturm, daß man glauben könnte, sie streiten zornig miteinander. Ihre Spitzen peitschen heftig, die jungen hellgrünen Triebe heben sich gegen die dunklen Stämme ab. Im nächsten Augenblick beugen sie sich tief zu Boden, wie zwei Höflinge, die einander extravagante Komplimente machen, aber gleich darauf richten sie sich wieder auf, und das Peitschen und Schlagen der Spitzen beginnt von neuem.
Große schwarze Wolken ziehen eilends über die Scheune, sie bringen Regenschauer mit, die auf das Dach hämmern und die Regentonne füllen. Im Obstgarten rafft der heulende Wind die Kirschblüten von den Bäumen und schleudert sie zu Boden wie Schnee.
Irgendwo schlägt ununterbrochen ein Scheunentor und unterstreicht mit seinem dumpfen Bums das Toben und Pfeifen des Windes.
An solchen Tagen ist der Garten ein armes, schutzloses Ding. Er steht in seinem bunten Frühlingskleid und Blumenhut völlig überrumpelt da und schaut fröstelnd zu, wie der Sturm die Narzissen umlegt, die frühen Tulpen knickt, die knospenden Zweige bricht und auf Nachbars Wiese schleudert.
Ich schlüpfe hastig in meinen Regenmantel und mache die Runde, spreche mit den Bäumen und Blumen, streichle sie und sage ihnen, daß es bald vorbei sein wird, daß die Sonne wieder herauskommen wird und sie ihre Ruhe finden werden.
In der finstersten Gartenecke halte ich plötzlich an. Da, wo die Föhre wächst und nur wenig Sonne hereinfällt, sehe ich einen kleinen, unansehnlichen Erdhügel, auf dem Reste von alten Wurzeln liegen, dünne Zweige und tote Blätter, offenbar Überbleibsel vom vorigen Herbst.
Laut Ominée ist das der Große Farn.
In der Mitte des häßlichen Haufens sieht man kleine braune Buckel. Sie haben Ähnlichkeit mit winzigen Igeln, nur haben Igel Borsten, und diese

Buckel sind haarig. Ich sehe, daß ein paar von ihnen schon so weit ausgerollt sind, daß sie schöne, lange Stiele haben. Die dunkelbraunen Haare sind grün geworden. Sie sehen aus wie die Stäbe, die Bischöfe bei Prozessionen tragen.

Großvater sagt, nur Bischöfe haben den Mut, bei solch einem Wetter herauszukommen. Er sagt, sie schlafen den Winter über, und wenn der Frühling kommt, schicken sie ihre Stäbe voraus, um zu sehen, wie das Wetter ist. Wenn das Wetter wärmer wird, rollen sich die Stäbe zur vollen Höhe aus, und dann werden sie zu langen, schönen Stielen mit spitzen, fedrigen Blättern auf beiden Seiten, so daß sie wie ganz zarte Leitern aussehen.

Und dann, sagt Großvater, kommen die Bischöfe aus ihrem Winterversteck und klettern die Leiter hinauf. Bevor sie in den Himmel kommen, machen sie einen Abstecher und firmen die kleinen Kinder zu Pfingsten.

Ich habe noch nie einen Bischof eine Leiter hinaufklettern sehen. Ich weiß aber auch nie, ob Großvater es ernst meint oder nicht.

Was haben Bienen mit Marillen zu tun?

Herr Rakonitsch lehnt am Zaun, betrachtet unsere blühenden Marillenbäume und schüttelt verdrießlich den Kopf.
»Wenn's so weitergeht, gibt es heuer keine Marillen«, sagt er.
Großvater, der gerade dabei ist, im Küchengarten die Tomaten aufzubinden, richtet sich auf.
»Warum?«
»Keine Bienen«, sagt Herr Rakonitsch trocken.
»Sie werden schon kommen«, sagt Großvater.
»Da bin ich mir gar nicht so sicher«, sagt Herr Rakonitsch. »Der Frühling ist bisher zu kalt gewesen. Die Bienen kommen nicht heraus, wenn die Sonne nicht scheint. Und wenn sie nicht bald herauskommen, wird es zu spät, weil die Blüte vorbei ist. Dann ist's aus mit der Bienenarbeit. Und es gibt keinen Honig.«
Herr Rakonitsch sagt das alles ganz sachlich, aber ich kann mir vorstellen, daß es für ihn sehr ernst ist, denn er verkauft seinen Honig, und er ist kein reicher Mann.
Mir ist jedoch noch immer nicht klar, was die Marillenblüte mit den Bienen zu tun hat.
»Schau«, sagt Großvater, geht zum nächsten Marillenbaum, reißt eine Blüte ab und öffnet ihre Blätter. »Jeder Baum hat, so wie alle Lebewesen, das Verlangen, sich zu vermehren, das heißt, Samen zu verbreiten. Der Samen eines Baumes ist der Kern seiner Frucht. Diese Frucht entsteht aus den Blüten des Baums. Damit die Frucht reifen kann, müssen die Blüten bestäubt werden, das heißt, der Blütenstaub wird vom Wind oder von Insekten – in diesem Fall von Bienen – von einer Blüte davongetragen und in eine andere Blüte derselben Art hineingeworfen. Die Natur ist schlau und stattet die Marillenblüte mit einer süßen Flüssigkeit aus. Sie heißt Nektar und findet sich tief unten im Herzen der Blüte. Die Biene, vom

Duft dieses Nektars angelockt, macht einen Kopfsprung in die Blüte und beginnt mit ihrem Rüssel den Nektar herauszuholen. Ihr Gewicht und ihre Bewegungen bewirken dabei, daß die Blüte hin und her schwankt. Siehst du diese kleinen, dünnen Stiele, die aus der Mitte der Blüte herausragen und wie die Fühler eines Schmetterlings aussehen? Man nennt sie Staubgefäße. Sie tragen den feinen Blütenstaub, von dem vorhin die Rede war. Wenn die Blüte unter dem Gewicht der Biene hin und her schwankt, bewegen sich natürlich auch die Staubgefäße und werfen ihren Staub auf den Rücken der Biene, wo er in den Haaren festgehalten wird. Wenn dann die Biene allen Nektar herausgeholt hat, fliegt sie, mit dem Blütenstaub auf dem Rücken, zur nächsten Blüte.«

»Und dann?«

»Die Biene bleibt immer bei derselben Blütensorte. Das heißt, wenn sie mit unserer Marillenblüte fertig ist, besucht sie keineswegs den benachbarten Kirschbaum, sondern fliegt zur nächsten Marillenblüte. Mit anderen Worten, sie ist marillensüchtig geworden, und das ist gut so, denn gerade das wollen die Marillenbäume.«

»Und was geschieht mit dem Blütenstaub auf dem Rücken der Biene?«

»Kaum ist die Biene auf der nächsten Marillenblüte gelandet, stürzt sie sich kopfüber auf den köstlichen Nektar in ihrer Mitte. Dabei streift sie unbewußt den Blütenstaub von der ersten Blüte auf den Kopf der zweiten ab. Ist die Biene wieder davongeflogen, geschieht eine Weile nichts. Dann beginnt der Blütenstaub in das Innere der Blüte zu fallen, wo er in einem Samengefäß endet. Und so entsteht eine Marillenfrucht. Die Blüte verwelkt und wird mit der Zeit von der jungen Frucht ersetzt, die sich langsam bildet. Dasselbe gilt für die anderen Früchte in unserem Obstgarten, die Kirschen, Äpfel, Birnen und Zwetschken. Du siehst also, daß die Bienen eine große Rolle im Garten spielen, und daß wir sie als wichtige Geschöpfe betrachten müssen, wenn wir im Herbst Obst ernten wollen.«

»Oder Honig«, sagt Herr Rakonitsch, der, an den Zaun gelehnt, die ganze Zeit zugehört hat.

»Wie machen die Bienen Honig?« frage ich.

»Wenn das Wetter wärmer wird und die Bienen herauskommen, zeige ich es dir«, sagt Herr Rakonitsch.

Vater sein ist schwer

Lautes Klopfen hallt durch den Obstgarten. Großvater, der plötzlich auf seine Schreibmaschine loshämmert? Ein Indianer, der seine Trommel schlägt?
Mitnichten. Vater Specht ist dabei, seiner Familie das Frühstück zu holen. Dazu hat er sich den ältesten der Zwetschkenbäume ausgesucht, dessen Rinde gespalten und leicht aufzumachen ist. Da hockt er nun und hämmert, so schnell, daß sein Kopf nur verwischt zu sehen ist. Sein langer, scharfer Schnabel bohrt sich in die Rinde, auf der Suche nach den saftigen Raupen und Käfern, die die ganze Freude der Baby-Spechte sind.
Fesch ist er, der Vater Specht, mit seinem schwarz-weißen Gefieder und dem leuchtend roten Fleck auf dem Hinterkopf. Ab und zu unterbricht er sein Klopfen und begibt sich auf die andere Seite des Baumstammes: da erwischt er die Käfer, die sein Trommeln gehört haben und jetzt versuchen, aus der Hintertür zu entkommen – die Armen, viele Chancen haben sie gegen seinen Schnabel nicht, er ist so stark, daß der Specht Haselnüsse damit knacken kann.

Es ist übrigens gar nicht so leicht, Vater Specht ausfindig zu machen. Das Auge kann seinem raschen und ruckartigen Flug nur sehr schwer folgen. Außerdem ist der Specht so scheu, daß er fast nie den Schutz der Bäume verläßt. Sollte es dir aber doch gelingen, sein Nest zu finden, dann sicher nur wegen des lauten und anhaltenden Geschreis der Babys, die in einer Reihe auf der Türschwelle hocken. Die Tür ist in diesem Fall der Rand einer Baumhöhle. Da sitzen sie also und halten Ausschau nach dem Vater. Kaum sehen sie ihn heranfliegen, reißen sie die Schnäbel auf und schreien derart, daß sie das Gleichgewicht verlieren und mit verzweifelten Flügelschlägen versuchen, sich zu retten und eine der köstlichen Raupen zu schnappen, die der Vater herbeischleppt.
Oben im Baum sitzt Mutter Specht, verfolgt das Spektakel und überwacht ihre Kleinen. Dann und wann ruft sie »Kik, kik!« in mütterlicher Sorge um diese unruhige Familie.
Großvater beugt sich aus dem Fenster seines Arbeitszimmers und klopft die Pfeife auf dem Fensterbrett aus. Sofort vergißt Vater Specht seine Familie und jagt durch den Obstgarten, von einem Baum zum anderen, auf der Suche nach dem Eindringling, der auf seinen Bäumen hämmert und seine Raupen und Käfer stiehlt. Er ist eifersüchtig und verträgt keine Konkurrenz.
Kein Wunder, wenn man so schön ist!

Der Tanz der Bienen

Ich schlage die Augen auf – ziemlich mühsam, denn ich bin noch gar nicht richtig wach –, und weiß sofort, was los ist.
Die Bienen sind da!
Ich laufe in den Garten hinaus. Dieses Summen und Schwirren! Wußtest du, daß die Flügel einer Biene bis zu zweihundertmal in der Sekunde schlagen können? Kein Wunder, daß sie summen!
Ich stehe unter dem Maulbeerbaum. Die Bienen schwärmen um seine winzigen Blüten, hängen in seinem Astwerk in summenden Dolden.
Und die Efeuwand! So dicht drängen sich die Bienen um jeden runden Blütenkopf, daß die ganze Riesenwand in immerwährender Bewegung zu sein scheint, als würde eine unsichtbare Hand die Zweige schütteln. Und das Summen, das von der Hauswand widerhallt, dröhnt wie eine gewaltige Orgel, auf der eine Hymne an die Schöpfung und das Kommen des Sommers erklingt.
Ich hätte Lust, mitzusingen, aber leider unterbricht mich Ominées Ruf:
»Frühstück fertig!«
Gleich nach dem Frühstück (Ominée: »Nicht so hastig essen, Kind, du kriegst Bauchweh!«) laufe ich über die Felder zu Herrn Rakonitsch, der über einen seiner Bienenstöcke gebeugt steht. Er sieht mich kommen und winkt mir aufgeregt zu.
»Komm schnell, sie bringen den Honig ein!«
Herr Rakonitsch, man sieht's ihm an, ist sehr aufgeregt. Kein Wunder, wenn man bedenkt, wie pessimistisch er vor ein paar Tagen war, als er sagte, das Wetter wäre zu kalt und die Bienen würden nie herauskommen. Nun breitet sich ein Lächeln über sein verwittertes Gesicht, und er zieht mich an sich heran.
»Jetzt schau gut zu«, sagt er. »Schau, was geschieht, wenn sie landen.«
Eine Biene fliegt herein und wird sofort von anderen Bienen umringt, die auf dem Steg vor dem Bienenstock gewartet hatten.

»Was machen sie?« frage ich.
»Das sind die Arbeitsbienen. Ihre Aufgabe ist es, den Nektar abzunehmen, den die Bienen auf ihren Rüsseln mitbringen. Erinnerst du dich an das, was dein Großvater dir vor ein paar Tagen erzählte, wie die Bienen Nektar aus den Obstblüten holen? Nun, der Nektar bleibt an den Haaren des Rüssels hängen, und jetzt nehmen ihn die Arbeitsbienen mit den Zähnen ab. Als erstes trocknen sie ihn.«
»Wie machen sie das?«
»Sie stellen sich in einer Reihe auf und fächeln den Nektar mit ihren Flügeln. Dann nimmt jede Arbeitsbiene ein halbvertrocknetes Tröpfchen Nektar in den Mund und kaut es, bis es weich ist. Anschließend trägt sie es in die Wabe und deponiert es in einer Zelle.«
»Was haben sie da für komische gelbe Säcke an den Beinen? Die sehen aus wie Kniehosen!«
»Das ist Blütenstaub. Das hat dir dein Großvater auch erklärt: Während eine Biene den Nektar aus einer Blüte herausholt, sammelt sich auf ihrem Fell ein feiner Staub, den sie der nächsten Blüte, die sie besucht, überbringt; die zweite Blüte wird vom Staub befruchtet, und so entsteht ein Apfel oder eine Birne, eine Marille oder Kirsche. Natürlich gibt die Biene nicht den ganzen Staub weiter, es bleibt immer ein Teil davon am Fell haften. Während des Heimflugs reibt sich die Biene das Fell mit den Beinen ab, und dann sammelt sich der Blütenstaub in einer Art Tasche an

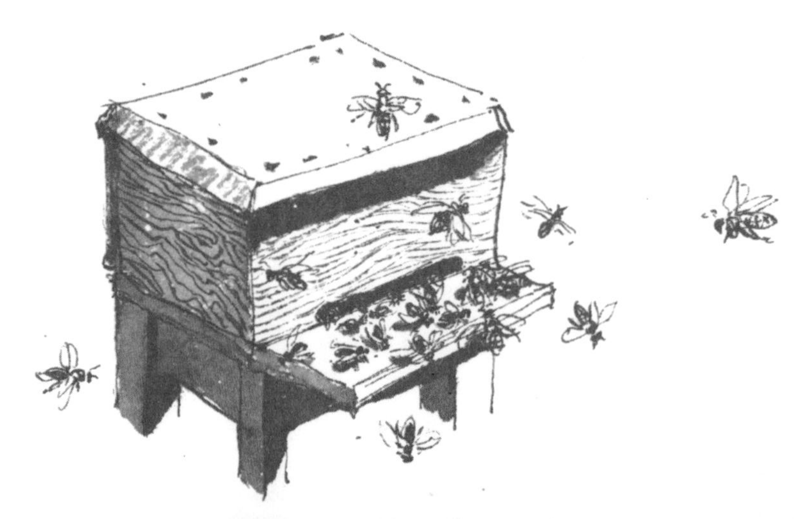

den Hinterbeinen. Das sind die Kniehosen, die du siehst.«
»Was machen sie damit?«
»Dasselbe, was sie mit dem Nektar tun: Sie lagern den Blütenstaub als Wintervorrat. Allerdings können sie ihn nicht, wie das beim Nektar der Fall ist, von den Arbeitsbienen abnehmen lassen, daher fliegen sie direkt in den Bienenstock hinein und laden den Staub in den Waben ab. Die Arbeitsbienen decken ihn dann mit Nektar zu, und der Wintervorrat ist da. Wie in der Tiefkühltruhe deiner Großmutter. Mit dem Unterschied, daß bei den Bienen die ganze Familie arbeitet und bei euch nur die Großmutter.«
Ein echter Tiefschlag! Da aber was Wahres dran ist, halte ich den Mund und tue, als hätte ich nichts gehört.
Gemeinsam beobachten wir die Bienen, wie sie abladen und dann zielbewußt wieder davonfliegen, alle in dieselbe Richtung.
»Woher wissen sie, wo sie hinfliegen müssen?« frage ich.
»Eine Biene fliegt als erste aus, und sobald sie erkundet hat, wo es Nektar gibt, kommt sie zurück und verständigt die anderen.«
»Aber wie finden sie den Nektar?«
»Zum Teil durch die Farben. Bienen haben einen ausgeprägten Farbensinn, das ist auch der Grund, warum die Blumen alle bunt sind: damit die Bienen von ihnen angezogen werden und den Blütenstaub weitertragen. Aber am stärksten werden die Bienen von Gerüchen angezogen. Hast du je eine offene Marmeladedose auf dem Frühstückstisch stehen gehabt? Im Nu kommen die lieben Bienen daher!«
Ich verstehe überhaupt nichts mehr.
»Aber wie kann die erste Biene den anderen mitteilen, wo es Nektar gibt? Sie kann doch nicht sprechen!«
Herr Rakonitsch lächelt.
»Sie sagt es durch Tanzen.«
»Tanzen? Sie tanzt?«
»Jawohl, sie tanzt. Wenn sie Blüten gefunden hat, in denen es Nektar gibt, fliegt sie zum Bienenstock zurück und beginnt auf einer Wabe zu tanzen.

Tanzen ist vielleicht zuviel gesagt: sie läuft in Kreisen, zuerst in einer Richtung, dann in der anderen, und das ist das Zeichen, daß die Blüten nicht zu weit entfernt sind, nicht weiter als etwa fünfundzwanzig Meter, so daß sie nicht zu schwer zu finden sind. Wenn die Biene mitteilen will, daß die Entfernung größer ist, läuft sie auch im Kreis, aber zusätzlich wackelt sie heftig mit dem Hinterteil – mit anderen Worten, sie wedelt mit dem Schwanz! Diese Bewegung wiederholt sie mehrmals, dabei wedelt sie immer in der Richtung, in der sich der Nektar befindet. Nach einer Weile fliegen die anderen Bienen hinaus. Sie richten sich nicht nur nach den genauen Tanzanweisungen der ersten Biene, sondern auch nach dem Duft der Blüten, die sie besucht hatte. Und so finden sie ohne Mühe die Stelle und können soviel Nektar haben, wie sie wegtragen können.«
»Der Tanz ist also eine Art Sprache?« frage ich.
»Genau. Sie verständigen sich durch den Tanz, aber auch durch den Geruchssinn, der bei ihnen stärker entwickelt ist als bei uns, was Blüten betrifft. Der Geruchssinn hilft ihnen besonders, wenn eine Blüte nicht sehr bunt ist. Zum Beispiel die Blüten auf meinen Weinstöcken: sie fallen nicht auf, daher ziehen sie die Bienen nicht an. Was mache ich also? Ich pflücke ein paar der Blüten ab, tauche sie in eine Zucker-Wasser-Lösung und lege sie in den Bienenstock. Im Nu sind sie von Bienen umschwärmt. Wenn die Bienen einmal den Duft der Blüten sozusagen in der Nase haben, fliegen sie davon und finden bald meine Weinstöcke. So werden die Blüten befruchtet, und mit der Zeit kommen die wunderschönen Trauben, die in der Sonne reifen und von zweifüßigen Mäusen gestohlen werden . . . «
Herr Rakonitsch sieht mich augenzwinkernd an. Ich habe aber nicht einmal Zeit, rot zu werden, denn Ominée läutet die große Kuhglocke und ruft:
»Essen! Mittagessen fertig!«
Ich laufe hinüber, so schnell ich kann.
»Wo bist du gewesen, Kind? Ich läute und läute, und du kommst nicht!«
»Ich war mit den Bienen tanzen«, erwidere ich.
»Und frech auch noch. Hinein mit dir!«

Fünf nimmersatte Schnäbel

Die Amseln haben es wieder einmal geschafft. Jedes Jahr nehme ich mir vor, diesmal den Nestbau nicht zu versäumen. Im März, wenn ich ihr aufgeregtes »Tschik, tschik!« und das geheimnisvolle Rumoren in der Efeuwand höre, beobachte ich scharf ihre Flüge und hoffe herauszufinden, wo sie bauen.

Und jedes Jahr im April – manchmal früh, manchmal spät, je nach Witterung – komme ich eines Morgens in den Garten, und da ist das Nest, fix und fertig. Mutter Amsel sitzt darauf, ihr Schwanz ragt auf der einen und ihr Kopf auf der anderen Seite heraus, und ein kleines Auge beobachtet mich mißtrauisch.

Ich weiß nicht, wie die Amseln das schaffen. Noch nie habe ich sie beim Nestbau erwischt, obwohl sie viel Zeit und Arbeit dafür aufwenden müssen. Gehst du nämlich hin und schaust es dir aus der Nähe an, wenn die Babys einmal ausgeflogen sind und die Familie sich zerstreut hat (tu es nie früher, sonst erschrecken sie und die Eltern hören unter Umständen auf, die Babys zu füttern), dann wirst du sehen, wie stark und kunstvoll das Nest gemacht ist. Man kann nur staunen über die Geschicklichkeit dieses Geschöpfes, das bloß seinen Schnabel als Werkzeug zur Verfügung hat. Feines Astwerk und Gräser, Moos und trockene Blätter sind miteinander

verflochten und mit Lehm zusammengehalten, der allmählich trocknet, so daß das Nest hart und wetterfest wird.
Heuer hat die Amsel ihr Nest hoch oben auf einem Fensterbrett der Scheune gebaut. Es ist zwischen Fenster und Gitter hineingepreßt, so fest, daß es unmöglich herunterfallen kann.
An dem Tag, an dem die fünf Babys aus den Eiern schlüpften und die halbnackten, zerzausten Köpfe über den Rand des Nestes streckten, mußten Vater und Mutter Amsel ihrem ruhigen Dasein adieu sagen. Seit diesem Tag sind beide von früh bis spät pausenlos unterwegs, um Beeren, Würmer und Käfer für ihre fünf Nimmersatts heranzuschaffen. Kaum landet einer der Eltern auf dem Scheunendach oder im Maulbeerbaum, stimmen die fünf – sie müssen sehr gute Augen haben! – ein ohrenbetäubendes Piepsen und Schnarren an. Fliegen der Vater oder die Mutter, einen köstlichen Bissen im Schnabel, das Nest an, dann ... also, von Salonmanieren kann da wirklich nicht die Rede sein. Jeder rempelt jeden aus dem Weg, die kleinen Schnäbel werden bis zum Zerspalten aufgerissen, und natürlich schiebt sich der Größte nach vorn und versucht, alles an sich zu reißen. Die Eltern sind aber wirklich gerecht. Ich habe beobachtet, wie Mutter Amsel mit einem Wurm im Schnabel tief in das Nest hineintaucht, um Nummer 5 zu erreichen, die immer ganz unten bleibt, während die Geschwister auf ihr sitzen.
Innerhalb von zehn Tagen haben die fünf Nimmersatts das Dreifache ihrer Babygröße erreicht. Kaum zu fassen, daß sie alle in dem kleinen Nest Platz finden! Der Raufbold, Nummer 1, ist immer oben. Schon beginnt er, sich mit Flügelflattern zu retten, wenn er am Rand des Nests sitzt und fast das Gleichgewicht verliert. Eines Tages wird er Mut fassen und auf den Rasen hinunterplumpsen. Dann wird er ungefähr eine Woche lang ungeschickt herumhüpfen und ab und zu einen Flugversuch unternehmen. Und immer werden seine Eltern dabeisein. Sie werden ihn nie aus den Augen lassen, solange er auf dem Boden bleibt.
Eines Tages wird er dann die Flügel ausbreiten und zum Dach hinaufschweben. Er wird auf der Dachkante landen und, so wie der Vater, den

Schwanz hochkippen; dann wird er den Schnabel öffnen, sich in die Brust werfen und die wunderschönsten Melodien von sich geben. Man könnte glauben, eine Wolke habe sich entladen und es regne geschmolzenes

Silber, so rein und klangvoll sind die Töne, die aus dem zarten Körper quellen. Dabei wiederholt sich die Amsel nie, wie es die Drossel tut: sie erfindet immer neue Weisen, zwar nicht alle überzeugend, aber manchmal so voller Variationen, daß man sie mit dem Gesang der Nachtigall verwechseln könnte.

Im Augenblick aber sitzt Nummer 1 immer noch im Nest, oder besser gesagt, auf den Geschwistern. Wenn die Dämmerung kommt und den Garten mit violetten Schatten füllt, schlafen die fünf Nimmersatts ein, und es wird ruhig. In der Efeuwand zwitschern andere Vögel schläfrig, ehe sie zur Ruhe gehen. Bald schweigen auch sie, und dann hörst du nur das gelegentliche Rascheln eines Blatts und das Schwirren von Flügeln, wenn ein Spätling nach Hause kommt. Zwei Fledermäuse flitzen lautlos durch das Scheunenfenster aus und ein. Wie durch ein Wunder gelingt es ihnen immer wieder, dem Gitter auszuweichen. In der Ferne bricht ein Fasan die Stille der Nacht mit seinem rauhen Geschrei: einmal, zweimal, dann schweigt auch er.

Vater und Mutter Amsel landen mit sanftem Glucken im Maulbeerbaum. Sie werfen einen letzten Blick auf die schlafenden Babys, dann fliegen sie davon, zu ihrem Ruheplatz.

Meine Freundin, die Schnecke

Regen. Warmer, sanfter Regen. Der Regen ist die ganze Nacht gefallen, und heute früh, als ich in den Garten ging, schlug mir süß und berauschend der Duft feuchter Erde entgegen.
Im Obstgarten verschwinden die letzten gelben und weißen Narzissen im Gras, das fast über Nacht emporgeschossen ist und alles erstickt. Die Birn- und Apfelbäume blühen weiß, weißer Arabis spült über die Gartenmauer, und nahe der Scheune übertönt der Duft des weißen Flieders alles andere. Ist dir aufgefallen, daß Gelb und Weiß die Farben sind, die der Frühling trägt, wenn er an so einem Tag über die Berge tanzt? Der sanfte Regen hat sie doppelt bunt und sauber gemacht, so daß der Garten aussieht wie die wohlgeschrubbten Wangen eines Chorknaben.
Dies ist die Zeit, wo meine Freundin, die Schnecke, aus ihrem langen Winterschlaf erwacht. Den Winter hat sie in ihrem Haus verbracht: die Tür zu diesem Haus hatte sie fest zugesperrt, das heißt, sie hatte die Öffnung mit einem Deckel aus Kalk verschlossen, der beim Trocknen hart wurde und auf diese Art das Schneckenhaus sowohl gegen Kälte als auch gegen Eindringlinge schützte. Sechs Monate lang blieb sie im gemütlichen Gehäuse eingerollt, unter einem Stein oder eingebettet in Moos, und während dieser Zeit nahm sie weder Nahrung noch Flüssigkeit zu sich.
Dann, auf einmal, in einer Nacht wie dieser, spürt sie das Trommeln der Regentropfen rund um sich herum, spürt die warme Luft, die ihr Gehäuse streichelt, und weiß, daß es Frühling ist.
Sie schlüpft die Wendeltreppe ihres Hauses hinunter und lehnt sich an die Kalktür, bis diese durch die Wärme ihres Körpers weich wird und nachgibt. Mit äußerster Vorsicht, und so langsam, daß du glaubst, er bewegt sich nicht, steckt sie den Kopf heraus. Nach einer langen, langen Pause (du glaubst, sie ist wieder eingeschlafen, aber in Wahrheit horcht sie nur und gewöhnt sich an das Licht und an die frische Luft), kommt ein Horn aus

ihrem Kopf heraus, und dann das andere. Jedes Horn trägt an seinem Ende einen winzigen schwarzen Punkt, und das sind die Augen. Die Schnecke muß aber sehr kurzsichtig sein, denn sie reagiert überhaupt nicht auf einen Zweig, den ich ihr knapp vor dem Kopf hin und her schwenke.
Nach einer Weile erscheint ein zweites Paar Hörner unterhalb des ersten Paars, und das sind die Fühlhörner. Diese kleineren Hörner sind, im Gegensatz zu den Augenhörnern, äußerst empfindlich: rühre ich irgend etwas – ein Blatt oder einen Zweig – auch in einem Meter Entfernung an, so spüren sie die Bewegung und ziehen sich blitzartig zurück – übrigens die einzige schnelle Bewegung, die man bei einer Schnecke je beobachten kann.
Jetzt hat sich meine Schnecke an das Licht gewöhnt und unternimmt den ersten Spaziergang der Saison. Sie kriecht in einer wellenförmigen Bewegung vorwärts, die am unteren Ende ihres Körpers beginnt und sich bis zum Kopf fortsetzt. Dabei scheidet sie eine silbrige, klebrige Flüssigkeit aus, die das Gleiten über Unebenheiten leichter macht und verhindert, daß ihre empfindliche Haut verletzt wird.
Den ersten Besuch stattet meine Freundin gewöhnlich dem Komposthaufen ab. Da findet sie allerlei Küchenabfälle: Salatblätter, Kartoffelschalen, Karottengrün. All die Dinge, die du und ich gedankenlos wegwerfen, sind für sie die größte Delikatesse.

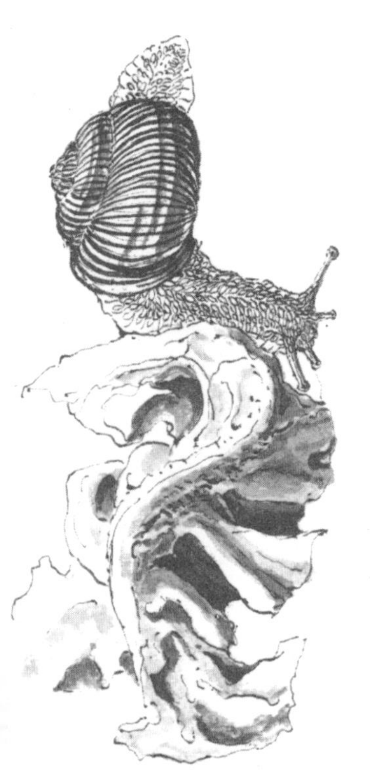

Am meisten aber sehnt sich meine Schnecke nach Feuchtigkeit. Ach, welche Seligkeit, nach all den Monaten im Trockenen unter einem frischen jungen Blatt zu liegen und die Regentropfen über das Gehäuse und auf die Haut rinnen zu lassen! Oder durch das nasse Gras zu kriechen und den Tau zu trinken: Sie und ihre Geschwister lieben nichts mehr als ein Bad, daher kommen sie alle nach einer Regennacht aus ihren Schlupfwinkeln heraus und bevölkern die Wege und Felder, so daß man aufpassen muß, sie nicht mit dem Fuß zu zerquetschen, denn ihre Gehäuse sind gut getarnt und verschmelzen mit der Umgebung.
Noch etwas liebt meine Freundin, und das ist Kalk. Sie braucht Kalk zum Aufbau ihres Hauses, daher lebt sie gern in Gegenden, wo die Erde kalkig

ist. Man spricht von Weingartenschnecken, und das ist kein Zufall, denn Wein gedeiht auf kalkigem Boden. Leider aber liebt meine Schnecke nicht nur den Kalk im Boden, auf dem der Wein wächst, sondern auch die jungen saftigen Triebe des Weins selbst: Man kann es ihr nicht übelnehmen – aber der Weinbauer hat seinen Ärger mit ihr.

Wenn du meiner Schnecke zusiehst, wie sie mit wellenförmigen Bewegungen in fünf Minuten ungefähr fünf Zentimeter zurücklegt, wobei ihr Haus sich von einer Seite zur anderen wiegt, wie ein Segelboot im Zeitlupentempo, so wirst du es nicht für möglich halten, daß dieses Wesen je die leiseste Gefühlsregung zeigen könnte. Da irrst du aber gewaltig. Ich hatte die hohe Ehre, Zeuge zu sein, wie meine Schnecke einer anderen, bildhübschen Schnecke auf der Gartenmauer begegnete und sich Kopf über Fuß in sie verliebte. Sie standen beide aufrecht auf ihr Hinterende gestützt und schauten sich tief in die Augenhörner. Ihre Fühlhörner bewegten sich heftig hin und her. Sie hatten die ganze Welt vergessen und wußten nur, daß sie sich liebten.

Ich ging ganz leise auf Zehenspitzen davon, um sie nicht zu stören.

Wie wird man zum Bastler?

Das, was wir alle hatten kommen sehen, als Ominée (erinnerst du dich, im April?) bäuchlings auf dem Boden lag und den nicht vorhandenen Rasen durch eine Lupe betrachtete, ist eingetreten. Ihre Hoffnung, daß der Fleckerlteppich zusammenwachsen würde, ist – wie der Samen, den sie so liebevoll verteilte – in alle Winde verweht. Die Fleckerl bleiben Fleckerl.

Den Rasen wird man neu aussäen müssen. Von Grund auf.

Großvater, der sich hütet, den gewissen Ich-habe-es-die-ganze-Zeit-sowieso-gewußt-Ausdruck aufzusetzen, holt das Wilde Pferd. Gleich darauf macht er sich daran, wie schon so oft, die kahle Stelle in ihren ursprünglichen Zustand zurückzuversetzen, das heißt, kahl. Ominée schaut ihm dabei zu. Sie sieht aus, als ob man vor ihren Augen ihre Kinder zermalmen würde.

Zum zigsten Mal wird Samen gestreut, zuerst in der Länge, dann in der Breite; und ich würde dich nicht mit der Schilderung eines Vorgangs langweilen, den wir schon auswendig kennen, wäre nicht diesmal etwas Unerwartetes geschehen: Großvater hat ein neues Gerät erfunden.

Anstelle des Tanzrituals (siehe »Sorgenkinder«), in dessen Verlauf der Samen mit Hilfe eines Bretts in die Erde gepreßt wurde, das man hinlegen, betreten und wieder aufheben mußte, und zwar des öfteren – eine zermürbende Sache zu jeder Zeit, herzzerbrechend aber, wenn man weiß, daß sie sehr bald wiederholt werden muß –, anstelle dieses Rituals also wollte Großvater etwas Neues. Er setzte seine Denkmütze auf, und siehe da, eine Idee ward geboren!

Siegreich kommt er aus der Werkstatt zurück, in der Hand zwei kurze Bretter, von denen lange Schnüre hängen. Er legt die Bretter auf den Boden, steckt die Füße in breite Leinwandgurten, die an die Bretter genagelt sind, nimmt in jede Hand eine der langen Schnüre und spaziert,

während er mit den Schnüren die Bretter fest an die Füße hält, über die ganze neubesäte Fläche. Innerhalb einer Viertelstunde hat er ohne jede Anstrengung die Erde fest und glatt getreten.
Wir sind hingerissen. Ominée sagt, aus ihm wird doch noch ein Bastler.
Und recht hat sie. Großvater, Antiquar und Kunsthändler und durchaus in der Lage, eine Originalradierung von einer Reproduktion zu unterscheiden, bisher aber unfähig, den Unterschied zwischen einem Nagel und einer Schraube zu erkennen, beginnt, die Freuden des Bastelns zu entdecken. Stundenlang verschwindet er in der Werkstatt, von wo ein Klopfen, ein Kratzen, ein Sägen, ein Nageln zu hören ist, alles mit Grunzen und Seufzen untermalt, so daß man an die Galavorstellung einer Schlagzeug-Band glauben könnte. Ab und zu kommt er mit besorgter Miene heraus, verschwindet mit einem Maßstab um die Ecke, kehrt zahlenmurmelnd zurück und taucht wieder in die Werkstatt ein. Es ist nicht ratsam, ihn während dieser Ausflüge anzusprechen.
Sein eigentliches Meisterstück hat Großvater schon früher kreiert. Erinnerst du dich an den Gemüsegarten? Nun, er liegt in der oberen Wiese, außer Sicht- und Hörweite des Hauses, und ist ein Paradies für Hasen und andere Geschöpfe, die gern eine junge, knusprige Karotte oder einen Bohnenkeimling knabbern. Großvater kaufte also drei Ballen Maschendraht, setzte rund um den Küchengarten einen Zaun und befestigte ihn alle zwei Meter durch Pfosten, die er mit einem Schutzmittel getränkt hatte. Großvater rechnete aus, daß unser Eigenbau-Gemüse durch die Kosten des Zauns wesentlich teurer sein würde als im Laden. Auf diesem Ohr hört Ominée schlecht.
Es kann also nichts, aber schon gar nichts, in den Gemüsegarten eindringen: kein Hase, kein Hund, nichts.
Leider auch nicht das Wilde Pferd, das die Erde zwischen den Reihen frei von Unkraut und Gras halten soll.
Mit finsterschwarzer Miene (Großvater ärgert sich immer ganz besonders, wenn er weiß, daß er etwas Dummes getan hat) entfernt er ein Stück des Zauns und macht sich daran, ein Gartentor zu bauen. Er kauft Holzlatten

im Dorf, schneidet sie auf gleiche Länge, schrägt die Enden ab, damit man sie zu einem Rechteck zusammensetzen kann, und streicht sie mit demselben Schutzmittel an, das er für die Zaunpfosten verwendete. Sobald sie trocken sind, legt er sie zu zwei Rahmen zusammen und verbindet sie an den Ecken mit Winkeleisen. Auf diese zwei Rahmen nagelt er Hühnerdraht.
Jetzt werden zu beiden Seiten der Lücke im Zaun zwei Pfosten in den Boden eingeschlagen, die Rahmen werden mit Scharnieren an den Pfosten befestigt, und siehe da, wir haben ein Gartentor!
Noch ein Riegel zum Sperren, und das Meisterstück ist fertig.
Unsere Bewunderung kennt keine Grenzen. Von jetzt ab ist Großvater als Bastler nicht mehr zu bremsen.

Die Geschichte mit dem Maulbeerbaum

Großvater steht auf der Haustreppe und schaut mit sorgenvoller Miene in den Garten hinaus.
»Mir gefällt der Maulbeerbaum nicht«, sagt er. »Heuer dauert es viel zu lange, bis er ausschlägt.«
Ominée beschwichtigt: »Das sagst du jedes Jahr, Schatz, und er schlägt trotzdem aus.«
»Ja, aber heuer ist er später dran, das mußt du zugeben. Die Blätter zeigen sich erst jetzt, voriges Jahr zu dieser Zeit waren sie schon viel größer. Und all die dürren Spitzen da oben gefallen mir auch nicht. Mir scheint, der Baum stirbt ab.«
»Um Himmels willen!« ruft Ominée. »An dem Tag, an dem der Baum stirbt, werde ich – na, ich weiß nicht, was ich tun werde! Ich würde es nicht aushalten. Stell dir den Hof ohne Maulbeerbaum vor! Nein, nein, ich glaube nicht daran. Er darf nicht sterben!«

»Wir wollen uns nicht aufregen«, sagt Großvater beschwichtigend. »Wir werden einen Rat einholen. Ich rufe Ingenieur Nowak an und bitte ihn vorbeizukommen. Er ist doch Obstbauer, er müßte sich auskennen.«
Und so geschieht es.
Ingenieur Nowak kommt, schaut und spricht.
»Schon sehr alt, der Baum«, sagt er. »Meiner Schätzung nach mindestens hundert Jahre, wenn nicht sogar hundertfünfzig. Ist aber in Ordnung.« Ominée atmet hörbar auf. »Er ist nur zu lange nicht geschnitten worden. Die Äste sind zu lang und schwer, sie gehören ausgelichtet. Und dann die Stelle in der Mitte, da, wo vor vielen Jahren das letzte Mal gelichtet wurde, da müßte man nachschauen. Ich schicke Ihnen meinen Herrn Silberbauer.«
Und geht.
Es kommt Herr Silberbauer samt Motorsäge. Von Ominée ängstlich beobachtet, die um den Baum läuft und Herrn Silberbauer zeigt, welche Äste er abschneiden darf, ohne die Schönheit des Baums zu beeinträchtigen, sorgt er bald dafür, daß der Rasen dicht mit Ästen besät ist, die genauso leblos und trostlos aussehen wie Ominées schöne langen Haare, als sie sie damals vom Friseur abschneiden ließ und sie traurig auf dem Boden lagen.
»Jetzt schauen wir uns den Mittelteil an«, sagt Herr Silberbauer in seiner nüchternen Art und rückt mit der Motorsäge der kahlen knorrigen Fläche zu Leibe. Aber siehe da! Statt auf hartes Holz zu stoßen, sinkt die Säge ein wie ein Messer in Butter.
»O weh«, sagt Herr Silberbauer mit der Heiterkeit des abgebrühten Fachmanns, »das sieht gar nicht gut aus.« Mit diesen Worten greift er ins Innere des Baumes und fördert eine Handvoll schwammiges Zeug zutage.
»Na, da haben wir es ja. Morsch. Durch und durch morsch.«
Ominées Mundwinkel sinken nach unten, nach und nach werden ihre Züge genauso morsch wie das Zeug, das Herr Silberbauer jetzt mit beiden Händen herausholt.
»Du liebe Zeit!« sagt er. »Haben Sie eine kleine Schaufel?«

Die Schaufel wird gebracht, und Herr Silberbauer kniet eine Stunde lang in der Mitte des Baums und schaufelt das morsche Innere heraus, das jetzt mit den Ästen auf dem Rasen herumliegt.
Ominée sieht aus, als würde man ihre eigenen Eingeweide herausziehen. Großvater, der den Anblick nicht ertragen kann, ist verschwunden.
Endlich ist Herr Silberbauer fertig und steigt vom Baum.
»Als nächstes«, sagt er, »muß Beton gemischt und das Loch damit ausgefüllt werden. Das verhindert, daß Luft und Feuchtigkeit eindringen und das Holz weiter verrottet.«
Gesagt, getan. Das Loch wird mit Beton gefüllt – der Rasen übrigens auch, zu Ominées Entsetzen –, Herr Silberbauer steigt wieder vom Baum und wischt sich die Hände an seiner Arbeitshose ab.
»Der Beton ist nicht hundertprozentig wasserdicht«, sagt er, »man muß ihn mit Baumwachs versiegeln. Wäre das früher gemacht worden, wäre der Regen nicht ins Innere des Stamms gedrungen und dieser wäre nicht morsch geworden. Jede Wunde an einem Baum muß gegen Kälte und Feuchtigkeit versiegelt werden – das heißt, jede Wunde von mehr als zwei Zentimeter Durchmesser.«
»Und was geschieht jetzt?« fragt Ominée demütig.
»Nichts mehr«, sagt Herr Silberbauer. »Jetzt kann man nicht mehr abschneiden, die Blätter sind schon zu groß. Der Baum lebt von den Blättern, man darf sie ihm nicht wegnehmen. Im Herbst komme ich wieder.«
Und geht.
»Na also«, sagt Ominée, »mir fällt ein Stein vom Herzen. Der alte Baum stirbt doch nicht. Warum waren wir auch so pessimistisch!«
Zwei Tage später kommen wir vom Einkaufen nach Hause. Der größte Ast des Maulbeerbaumes ist abgebrochen und liegt quer über den Rasen. An der Bruchstelle sieht man, daß das Holz durch und durch abgestorben ist.
Wortlos, und ohne Ominée anzusehen, holt Großvater die Säge und macht sich daran, den Ast zu Brennholz zu schneiden. In völligem Schweigen schichten Ominée und ich das Holz an der Mauer auf.
Mitten in unserer Arbeit läutet es am Tor. Ominée öffnet, und der Brief-

träger tritt in den Hof.
Als er den Baum sieht, sagt er: »O je, der stirbt.«
Ominée beeilt sich, ihn vom Gegenteil zu überzeugen. »Nein, nein«, sagt sie, »nur der eine Ast ist abgebrochen.«
»Nur der erste, wollen Sie wohl sagen«, meint der Briefträger düster. »Der Baum stirbt. Grüß Gott.«
Und geht.
Ominée legt die Post auf die oberste Treppenstufe und beginnt wieder, Holz aufzuschichten.
»Mach dir nichts draus«, sagt Großvater, »er muß nicht recht haben.«
»Ich mach mir gar nichts daraus«, sagt Ominée. Aber ihre Augen sind trüb und ihr Kinn etwas eckiger als gewöhnlich.
Herr Rakonitsch ruft von oben über die Efeumauer:
»Ich hab' Eier gebracht, können Sie sie brauchen?« (Pause.) »O weh, das sieht aber schlimm aus!« (Pause.) »Na, kein Baum lebt ewig. Das gibt eine Menge Brennholz für den Winter.«
Großvater sieht Ominées Gesichtsausdruck und schaltet sich blitzschnell ein.
»Ach, Herr Rakonitsch, Sie kennen sich doch mit Bäumen aus. Kommen Sie und schauen Sie sich den Maulbeerbaum an.«
Also kommt Herr Rakonitsch herunter. Er schüttelt zwar den Kopf, ehe er dem Baum überhaupt in die Nähe kommt, nimmt sich aber trotzdem die Mühe, auf eine Leiter zu steigen und die Wunde zu untersuchen.
»Pilze«, sagt er lakonisch. »Und Ungeziefer. Es wimmelt nur so. Auf gesunden Bäumen findet man das nicht.« Er steigt wieder die Leiter hinunter. »An Ihrer Stelle würde ich den Baum entfernen, ehe ein Sturm kommt und ihn umwirft. Pflanzen Sie doch eine Linde, die wachsen schnell.«
Und geht.
Arme Ominée! Diesmal versucht sie nicht einmal, ihre Gefühle zu verbergen, sondern schaut Großvater mit besorgtem, hilfesuchendem Blick an.
»Linden duften herrlich im Frühsommer«, sagt Großvater verlegen, »und verfärben sich wunderschön im Herbst.« – Schweigen.

»Hör zu«, sagt Großvater, »ich kenne eine gute Baumschule im Tullner Becken, die Leute dort sind auf Solitärbäume spezialisiert. Ich rufe an und bitte sie, einen Experten zu schicken.«
»Es ist Samstag«, sagt Ominée dumpf, »es wird niemand da sein.«
»Baumexperten sind immer da«, sagt Großvater.
Und recht hat er. Am nächsten Morgen läutet es am Tor, und Ominée, zitternd vor Aufregung, öffnet. Ohne viele Worte zu verlieren, die Hände in den Taschen vergraben und leise eine Melodie pfeifend, geht der Experte um den Baum, einmal rechts herum, dann links herum. Dann macht er ein paar Schritte zurück und schaut nach oben. Dann tritt er wieder zum Baum hin und klopft mehrmals mit der Hand auf den Stamm. Dann reißt er ein Stück Rinde ab und betrachtet es, immer noch pfeifend, eine ganze Weile. Dann geht er wieder ein paar Schritte zurück und blickt nochmals in die Äste hinauf.
Ich merke, daß die Vögel aufgehört haben zu singen.
»Ich wüßte nicht, was dem Baum fehlt«, sagt der Experte. »Wäre schade, ihn zu fällen. Es gibt nicht mehr als vier oder fünf Bäume dieser Größe im ganzen Land.«
Ominées Gesichtsausdruck ist bühnenreif.
»D-der Ast ist aber abgebrochen«, stottert sie.
»Sie werden alle abbrechen«, sagt der Experte, »einer nach dem anderen, wenn wir nichts dagegen unternehmen.«
»Der Baum ist aber alt«, sagt Großvater, »mindestens hundertfünfzig Jahre.«
Der Experte lacht. »Er wird so alt werden, daß nicht einmal Ihre Ururenkel ihn werden sterben sehen. Ich kenne einen Maulbeerbaum, der wurde tausend Jahre alt. Pflegen muß man ihn, das ist alles. Im Dezember oder im Januar komm' ich wieder und schneid' den einen oder den anderen Ast ein wenig kürzer, und im Lauf der nächsten zwei, drei Jahre schneid' ich alle anderen. Inzwischen werden neue wachsen. Da, sehen Sie!«
Er deutet auf neue Triebe, die keiner von uns bisher recht bemerkt hatte. Sie wachsen aus dem Stamm und sind voll grüner Blätter.

»Ein Baum, der stirbt, treibt nicht auf diese Weise«, sagt der Experte.
Kaum ist der Experte weggefahren, verschwindet Ominée im Haus. Kurze Zeit später kommt sie wieder heraus. Sie hat ihren Hut aufgesetzt und zieht die Handschuhe an.
»Wo gehst du hin?« fragt Großvater erstaunt.
Ominée lächelt. »In die Kirche, eine Kerze anzünden«, sagt sie.
Und erst als sie die Tür hinter sich zumacht, fällt mir auf, daß die Vögel wieder singen.

Vater Winter kommt zurück

Erinnerst du dich an die Sonne, die im März dem Winterling vom Monat Mai und von den Blumen und dem wolkenlosen Himmel erzählte?
Nun, jetzt haben wir Ende Mai, und – es ist kaum zu glauben – Vater Winter hat diese Nacht dem Gemüsegarten einen Überraschungsbesuch abgestattet.
Er ging mit langem, majestätischem Schritt über die Wiesen und rief den Bohnen und den Tomaten und den Erbsen von fern freundlich zu:
»Bin nur gekommen, um zu sehen, wie es euch geht!«
Sein langer weißer Bart und seine frostigen Augenbrauen schimmerten in der Dunkelheit. Von seinen Schultern hing ein breiter, schwarzer Mantel, der bis zum Boden reichte. Während er dahinging, streifte der Mantel über das nasse Gras, und das Gras wurde weiß von Reif.
Der Winter ging durch den Zaun, als wäre er nicht vorhanden, und schlenderte die Reihen auf und ab, wo die jungen Pflanzen zum Licht strebten und die ersten Blätter keimten. Sehr zärtlich, als würde er sie segnen, streifte er mit der Hand über sie hin, ohne sie zu berühren, er machte

einfach eine freundliche Geste mit ausgestreckten, knochigen, langen Fingern, als würde er sie streicheln und ihnen gute Nacht wünschen.
Dann schritt er wieder über die Wiese davon.
Heute früh sieht der Gemüsegarten zum Weinen aus. Von den Bohnen, die sich mit solcher Mühe durch den harten Boden heraufgekämpft und stolz ihr erstes Paar herzförmiger Blätter gezeigt hatten, ist die Hälfte kohlrabenschwarz und hängt leblos und verkümmert herab. Zwei Drittel der Süßmaistriebe sind tot, und alle dreißig Tomatenpflanzen liegen auf dem Boden, verbrannt und verkohlt.
Ich rechne damit, daß Ominée in Tränen ausbricht. Statt dessen schiebt sie das Kinn standhaft vor und sagt:
»Meine Schuld, ich hätte sie mulchen müssen.«
»Quatsch!« sagt Großvater. »Wer hätte sich vorstellen können, daß Ende Mai ein Nachtfrost kommt? Das ist einfach nicht normal!«
»Im Garten muß man auf alles gefaßt sein«, sagt Ominée philosophisch. »Was die Jahreszeiten betrifft, gibt's keinen Bittgang. Ich hätte mulchen müssen.«
Das bedarf einer Erklärung. Seit dem Tag, an dem Ominée ein Buch über das Mulchen gelesen hat – die Autorin ist Amerikanerin, wir nennen sie Mrs. Mulch –, ist sie mulchfreudig geworden. Mulch ist pflanzlicher Abfall, also Laub oder Stroh, oder alles, was weich und feucht ist. Man legt ihn rund um die jungen Pflanzen und Bäume: er hält die Erde feucht und warm und verhindert das Aufkommen von Unkraut. Ominée, die keine halben Maßnahmen kennt, hat den gesamten Garten und den Obstgarten mit allem bestreut, was sie an Küchenabfall finden konnte – Obst- und Kartoffelschalen, Salatblätter, Eierschalen, Teeblätter, Kaffeesatz und so fort –, darüber hat sie Herbstlaub und Heu gelegt. Sehr ordentlich sieht das alles nicht aus, und Potzerl, die Spanielhündin, ergötzt sich an den Bananenschalen, die sie aus dem Heu herauszieht; aber der Boden bleibt schön feucht und warm, und nach einer Weile verfault alles und wird zu guter, schwarzer Erde.
Zuerst haben wir uns alle über Ominée lustig gemacht, und Großvater

sagte sogar, der Garten wäre eine Schande. Nachdem wir uns aber daran gewöhnt hatten, daß Ominée die Himbeeren mit Küchenabfall umringt und dann mit Stroh oder Laub bedeckt, mußten wir zugeben, daß sie auf einer guten Fährte war. Das Mulchen wurde hoffähig.
»Man lernt aus seinen Fehlern«, sagt Ominée. Also kaufte Großvater dreißig neue Tomatenpflanzen, die anstelle der von Vater Winter ermordeten gesetzt wurden. Sie wurden gründlich gegossen, und frischgeschnittenes Gras wurde ihnen um die Füße gelegt.
Und sollte Vater Winter in einer Frühsommernacht wieder über die Wiesen herangeschritten kommen, dann hoffe ich nur, daß sie ihm alle eine lange Nase drehen werden.

Die Zischratterplumpsmaschine

Heute früh stand Herr Schön vor seiner Haustür und blickte zum Himmel hinauf. Er sah die großen dunklen Gewitterwolken am Horizont, er sah die Bäume, die sich im Wind, der plötzlich aus dem Nichts aufgesprungen war, hin und her warfen, und lief über den Hof Richtung Scheune, während er seiner Frau zurief, sie solle ihm nachkommen.
Jetzt sitzt Herr Schön hoch oben auf seinem großen Traktor und tuckert hastig über das Feld. Das Heu, das er letzte Woche geschnitten hat, liegt in ordentlichen Reihen zum Trocknen.
Frau Schön kommt zu Fuß auf das Feld nach, in einer Hand hält sie eine Heugabel, mit der anderen krempelt sie sich die Ärmel hoch. Mit ihrem kurzen Haar und den schlanken Beinen, die in Jeans stecken, ähnelt sie eher einem Landsknecht als einer Mutter von vier kräftigen Kindern.
Hinter dem Traktor, erst auf die eine, dann auf die andere Seite holpernd und springend, kommt die Zischratterplumpsmaschine. Sie ist lang und offensichtlich sehr schwer, sonst hätte Herr Schön zum Schleppen der

kleinen und nicht den großen Traktor genommen. Herr Schön ist aber ein Meister im Manövrieren. Mit ein paar kunstvollen Drehungen bringt er die Zischratterplumpsmaschine in die richtige Position und kann mit der Arbeit beginnen.
Sehr langsam fährt der Traktor an, zwei Räderpaare zu beiden Seiten einer Heureihe. Kaum erreicht die Zischratterplumpsmaschine die Heureihe, beginnt sie zu leben. Eine Mannschaft von sieben Kobolden, alle grün gekleidet, hängen kopfüber an den Füßen in einem Loch der Maschine. Das sind die Auffangkobolde. Wenn die Maschine über die Heureihe fährt, schaufeln sie mit den Händen das Heu in die Maschine hinauf. Sie fangen es mit den Händen auf und werfen es, so schnell es geht, nach oben. Das Heu fliegt durch die Luft und macht dabei ein sausendes Geräusch: Zisch-sch-sch-sch!
Oben, im Inneren der Maschine, wartet eine zweite Mannschaft Kobolde auf das hereinfliegende Heu. Das sind die Schnappkobolde. Sobald einer von ihnen einen Armvoll Heu aufschnappt, legt er ihn auf einen kleinen Wagen, der auf Schienen läuft; seine Kollegen tun dasselbe, und wenn das Heu auf dem Wagen so hoch reicht wie sieben Kobolde, die einander auf die Schulter geklettert sind, kommt eine dritte Mannschaft und schiebt den Wagen ratter-ratter den Bauch der Maschine entlang.
Wenn der Wagen stehenbleibt, läuft die dritte Mannschaft und holt eine Leiter. Sie lehnen die Leiter an das Heu und klettern in Windeseile hinauf bis zur letzten Sprosse. Dann springen sie auf das Heu hinunter, immer wieder. Manchmal landen sie auf den Füßen, manchmal auf dem Kopf, manchmal auf dem Hinterteil. Das sind die Trampelkobolde. Sie trampeln auf das Heu, bis es zu einem Würfel wird, zwei Kobolde hoch, zwei Kobolde breit. Dann schieben sie den Wagen ratter-ratter ein Stück weiter die Maschine entlang.
Jetzt kommt noch eine Mannschaft – das sind die Einpackkobolde – und übernimmt den Heuwürfel. Sie verschnüren ihn fest, machen große Knoten in die Schnur und schneiden die Enden ab. Dann geben sie dem verschnürten Würfel einen letzten, mächtigen Stups, und PLUMPS! fällt er

aus dem anderen Ende der Maschine und landet auf dem Feld.
Herr Schön führt die Maschine eine Heureihe hinunter, dann die nächste hinauf, und wieder die nächste hinunter, bis er alle Reihen bearbeitet hat; und die ganze Zeit sind die Kobolde beschäftigt, zischratterplumps, zischratterplumps. Die fein säuberlich verpackten Heuballen sind über das ganze Feld verstreut. Frau Schön nimmt einen nach dem anderen mit der Heugabel auf und wirft sie auf einen Wagen: später wird Herr Schön den Wagen an den kleinen Traktor ankuppeln und ihn zur Scheune bringen, wo das Heu als Winterfutter für das Vieh gelagert wird.
Großvater war es, der mir von den Kobolden erzählte. Er sagt, sie verbringen den Winter im Inneren der Heuballen und kommen nur heraus, um die warme Kuhmilch aus den Eimern zu trinken, ehe die Magd sie ins Haus trägt.
Ich bin mir nie sicher, wieweit Großvaters Erzählungen wahr sind.
Jedenfalls kann der Sturm jetzt kommen, das Heu wird unter Dach und Fach sein.
Und die Zischratterplumpsmaschine, die liebe ich.

Pfingsten

Auch wenn ich keinen Kalender in der Hand hätte, wüßte ich, daß Pfingsten ist. Heute früh, sehr früh, es muß vier Uhr oder so gewesen sein, kam ein tiefer, melodiöser Ruf vom Obstgarten her: »Willawillu – uh!«

Eine Eule auf der Pirsch? Ominée, die auf ihrer Blockflöte übt?

Mitnichten. Für das erste ist es zu spät, für das zweite zu früh.

Es gibt keinen Zweifel: der Sommer wird angemeldet, besser gesagt, er wird ausgerufen, und zwar von den Baumwipfeln her; und der, der diesen Ruf schmettert, ist der Aristokrat der Obstgärten, der Herold des Sommers in seinem glitzernden Rock, der Pirol.

Manche nennen ihn den Pfingstvogel, weil er zur Pfingstzeit von weit her geflogen kommt, aus Afrika etwa, oder aus Südspanien, wo er überwintert hat. Ich höre so gern seinen klangvollen Schlag in der frischen Stille eines Maimorgens: wie die ersten einfachen Töne, die der Organist vor dem Ausbruch einer mächtigen Fuge spielt, sind sie kühl wie der Morgentau, enthalten jedoch das Versprechen eines warmen Frühsommertages mit all seinen Düften und Geräuschen.

Den ganzen Tag hindurch versuche ich herauszufinden, wo der Pirol steckt, suche seinen prächtigen gelben Rock, die hübschen schwarzen

Flügelspitzen und den schwarzen Schwanz. Er weiß, daß seine bunten Federn auffallen, daher flattert er rastlos zwischen den Bäumen im Obstgarten hin und her und wagt sich fast nie ins Freie. Zur Kirschenzeit wird er aber doch etwas kühner, denn Kirschen mag er – eine Zuneigung, die er mit den Staren und Amseln teilt. Leider, sagt Ominée.

Ein anderer Pfingstgast ist die Nachtigall. Sie kommt zu der Zeit, wenn der Weißdorn ausschlägt. Eines Tages, in der Dämmerung, wenn die meisten Vögel schon still geworden sind, kann man sie beim Einsingen für das Nachtkonzert hören: Zuerst kommt ein zögerndes »Tschuk-tschuk«, dann ein etwas gewagteres »Piu-u-u, Piu-u-u«, und dann, nachdem sie sich auf diese Weise sozusagen geräuspert hat, stürzt sie sich in eine jener unverhohlenen Vorführungen der Singtechnik, die alle anderen Vögel zur Verzweiflung bringen, Dichter und Komponisten aber seit eh und je inspirierten. Nacht für Nacht schlägt das Nachtigallen-Männchen, bis auf einmal ein Weibchen antwortet. Dann bauen sie zusammen ein Nest, das sich fast immer an derselben Stelle befindet wie das Nest vom vorigen Jahr. Jahr für Jahr wird die Nachtigall wiederkommen, und auch ihre Kinder kehren an den Ort ihrer Geburt zurück.

Wenn du in der Hecke oben auf der Wiese eine Nachtigall hörst, die sich das Herz aus dem Leib singt, so kannst du sicher sein, daß es das Kind oder das Enkelkind oder das Urenkelkind der Nachtigall ist, die du vor ein paar Jahren gehört hast.

Nachtigallen sind erstaunlich zahm. Unser Pfingstgast sitzt auf der Fernsehantenne: die Flügel auf beiden Seiten herunterhängend, die Kehle gebläht von all den Skalen und Trillern, nimmt sie die Menschen gar nicht wahr, die im Garten herumstehen und ihre Kunst bewundern. Gerade diese Zahmheit kann ihr zum Verhängnis werden: gibt es doch Menschen, die Nachtigallen im Käfig halten, um ihren Gesang zu genießen.

Ich könnte nie den Gesang einer Nachtigall genießen, die in einem Käfig sitzt. Ich hätte das Gefühl, ein böses Spiel mit ihr zu treiben, denn sie sollte in die Sommernacht hineinsingen, und von weit weg sollte der Gegenruf erschallen, der ihr den Beweis bringt, daß ihr Singen nicht umsonst war.

Keine Rosen

»Ich wüßte nicht«, sagt Ominée, als der Wagen langsam um die letzte Kurve biegt und das Haus in Sicht kommt, »ich wüßte nicht, was angenehmer ist, die Abreise oder die Heimkehr.«
»Für mich die Heimkehr«, sagt Großvater sofort. »Vier Wochen weg vom Garten, das ist mir einfach zu viel. Ich kann es kaum erwarten, wieder ein Gartengerät in die Hand zu nehmen. Würdest du bitte das Tor öffnen, Schatz?«
Im Wagen herrscht müdes Schweigen, während Ominée durch die kleine Tür im Haustor verschwindet und mit Riegeln und Schlössern hantiert.
»Wetten, was Ominée sagen wird, wenn sie zurückkommt?« sagt Großvater.
Niemand antwortet. Wir wissen alle, was sie sagen wird. Außerdem sind wir zu müde.
Langsam schwingen die großen Torflügel auf. Ominée macht sie fest, damit sie nicht zurückschwingen können. Sie ist sehr beschäftigt, aber wir sehen ihren Gesichtsausdruck.
»Es wird gleich so weit sein«, sagt Großvater boshaft.
Als der Wagen im Hof hält, steigen wir aus und stehen müde herum, strecken die Arme und Beine nach der langen Fahrt.
»Keine Rosen«, sagt Ominée.
Einfach das. Kein Wort mehr, kein Wort weniger. Mit einer stumpfen, sachlichen Stimme, als wäre dies eine beiläufige Feststellung ohne Bedeutung, die man aufnimmt und im nächsten Moment vergißt. Sozusagen über Ominées Schulter geworfen.
»Keine Rosen.«
Großvater seufzt leise. Er hat sich nicht geirrt. Ominée macht jedes Jahr bei der Rückkehr vom Urlaub dieselbe Bemerkung, im selben Augenblick, mit derselben Stimme. Und Großvater weiß, daß die sachliche Art nur

gespielt ist; daß in Wahrheit Ominée eine tiefe Enttäuschung zum Ausdruck bringt, daß sie sich echt kränkt, weil die ersten Rosen während unserer Abwesenheit blühten und die zweiten noch nicht so weit sind. Als ob das die Schuld der Rosen wäre!
Nicht, daß Ominée ein großes Theater aus der Sache machen würde. Im nächsten Augenblick ist sie schon im Haus, öffnet Fenster, zieht Vorhänge zurück, sperrt Türen auf. Sie stellt den Teekessel auf und sieht im Tiefkühlschrank nach, ob etwas für das Abendessen zu finden ist. Ominée hat, mit anderen Worten, die Sache schon überwunden.
Am nächsten Morgen frühstückt Großvater zeitig und schweigsam – das ist immer ein Zeichen, daß er Pläne hat – und geht dann, die Hemdsärmel aufrollend, in die Scheune. Kurz darauf setzt der Motor des Balkenmähers ein. Klatter-tuck, klatter-tuck geht's auf die obere Wiese hinauf. Potzerl läuft bellend hinterher. Wir anderen in der Küche hören, wie der Motor jetzt ruhig läuft und Großvater ein Pfeifkonzert anstimmt.
»Er wird genug Arbeit haben«, sagt Ominée, »das Gras muß ziemlich hoch stehen.«
Sum-m-m-m, sum-m-m-m, klatter, summ, klatter, summ, klatter, summ, tuck, klatter-tuck, klatter-tuck, tuck-tuck-tuck. Tuck.
Schweigen.
»O weh«, sagt Ominée.
Wir hören Schritte, die von der oberen Wiese herunterkommen. Großvater stapft in die Küche, mit düsterem Blick. Sein Pfeifen ist verstummt.
»Der Mäher ist für die Katz«, sagt er, »er fährt die ganze Zeit im Kreis.«
Wir folgen ihm hinaus auf die obere Wiese und stehen um den Mäher herum, der auf der Seite liegt wie ein verwundeter Dinosaurier.
»Ein Reifen ist geplatzt«, sagt Ominée, »kein Wunder, daß er im Kreis fährt. Du wirst ihn zum Mechaniker bringen müssen.«
»Und das Gras?« fragt Großvater.
»Das Gras wird warten müssen«, erklärt Ominée dezidiert. »Du könntest inzwischen den Rasen mähen. Der kleine Mäher ist in Ordnung.«
Großvaters Züge hellen sich auf. »Gute Idee. Ich fange sofort an.«

Er schleppt den Balkenmäher wieder in die Scheune zurück, montiert das eine Rad ab und bringt den Rasenmäher heraus. Ehe er den Motor in Gang setzt, kontrolliert er den Druck in den Reifen.
»Die sind wenigstens in Ordnung.«
Einen Fuß auf den Mäher gestützt, nimmt Großvater die Startschnur in die Hand und zieht heftig daran.
Die Schnur gibt einen singenden Ton, der Mäher bockt wie ein Rodeostier, und der Motor mitsamt Schnur segelt über den Rasen, knapp an Großvaters Ohr vorbei. Er landet zehn Meter entfernt, wo er noch ein paar Meter Rasen aufpflügt, ehe er endlich zur Ruhe kommt. Munter fließen Öl und Benzin aus den geplatzten Schläuchen.
Nachdenkliches Schweigen. Niemand wagt es, Großvater anzusehen, der dasteht, die Hände in den Hosentaschen, und wütend auf den Mäher stiert.
Nach einer Weile sagt Ominée: »Es wäre gut, etwas gegen das Öl und Benzin zu unternehmen, sonst geht der Rasen noch mehr kaputt.«
Wortlos dreht sich Großvater um und stapft zur Efeuwand, wo der Gartenschlauch liegt.
»Was willst du tun?« fragt Ominée.
»Wegschwemmen, natürlich«, schnappt Großvater. »Das ist die einzige Möglichkeit, das Zeug wegzukriegen.«
Er dreht den Hahn auf. Es geschieht nichts.
»Kein Wasser«, sage ich überflüssigerweise.
Wieder nachdenkliches Schweigen.
»Vielleicht«, sagt Ominée zögernd, und ich muß sie bewundern, denn Großvater wird gleich explodieren, seinem Gesichtsausdruck nach zu schließen, »vielleicht gibt's einen Kurzschluß in der elektrischen Pumpe?«
Sogar Großvater, der an einem Punkt angelangt ist, an dem er keine Ratschläge mehr entgegennimmt, kann die Weisheit von Ominées Bemerkung nicht leugnen. Er beherrscht sich also, dreht sich wieder um und verschwindet im Keller, wo der Sicherungskasten hängt.
Bald darauf kommen wir in den Genuß einer Serie von Flüchen, wie ich sie von Großvater nur einmal hörte, und zwar als er den Hammer auf seine

große Zehe fallen ließ.
»Haltet euch die Ohren zu, Kinder«, sagt Ominée.
Großvater kommt wieder zum Vorschein.
»Kein Licht im Keller«, sagt er dumpf. »Ich sehe überhaupt nichts. Ich werde den Elektriker holen müssen.«
»Heute ist Sonntag«, sagt Ominée.
Lange Pause.
»Wißt ihr was?« sagt Großvater. »Ich gehe spazieren.«
Am Haustor dreht er sich um und sagt: »Und nächstes Jahr gehe ich überhaupt nicht auf Urlaub.«

Erste Früchte

Wenn Ominée einen Kuchen bäckt, wiegt sie den Zucker auf der Küchenwaage. In eine Waagschale stellt sie die Gewichte – schwere, bauchige Kerle aus Eisen oder kleine, zierliche aus Messing. In die andere Waagschale schüttet sie vorsichtig Zucker aus einem Paket. Eine Weile lang geschieht nichts, dann, sehr langsam, fängt der Balken der Waage an, sich zu neigen. Immer vorsichtiger schüttet Ominée den Zucker, bis die zwei Schalen der Waage auf gleicher Linie stehen. Dann weiß Ominée, daß die Zuckermenge stimmt und daß sie ihn zu den anderen Zutaten geben und den Kuchen backen kann.

Auch der Garten hat seine Waage. Auf der einen Seite haben wir die Erde, die Bäume, die Pflanzen, die Blumen, das Obst und das Gemüse. Auf der anderen die Arbeit, die wir in den Garten stecken: Ausgraben, Umstechen, Düngen, Pflanzen, Schneiden, Jäten, Spritzen. Mehr als die Hälfte des Jahres – von November bis Juni – sind Großvater und Ominée an der Arbeit, jede Woche jedes Monats bringt ihre Aufgaben. Von dem ganzen Schuften ist jedoch wenig zu sehen, außer den Frühlingsblumen, höchstens kann man sagen, der Garten sei gut bestellt. Aber täusche dich nicht: die ganze Zeit über häuft sich der Zucker in der Waagschale.

Heute begann die Waage sich zu neigen. Ominée rief mich zu sich in den Küchengarten, und gemeinsam zogen wir die ersten Karotten. Hast du je eine frisch gezogene Karotte unter dem Küchenhahn gewaschen und dann gegessen? Sie ist knusprig wie ein frisches Brötchen und süß wie Honig.

Und die Johannisbeeren! Die Büsche sind schwer beladen mit dicken, glänzenden Dolden, man könnte glauben, die Beeren sind über Nacht aufgetaucht, so schnell sind sie herangereift. Wir wenden uns sofort von den Karotten ab und fangen mit der Johannisbeerernte an, schnell, ehe die Fasane und die Stare über die Beeren herfallen: ein Flug Stare kann innerhalb einer Stunde zwanzig Johannisbeerbüsche leerfressen!

Ominée richtet sich zwischen zwei Büschen auf. Plötzlich ruft sie: »Schau!« Sie zeigt auf die Marillenbäume. An den Ästen hängen Unmengen von großen, leuchtenden Früchten, sogar die jungen Bäume, die wir vor drei Jahren gepflanzt haben, tragen eigroße Marillen. Wie ist es möglich, daß wir gestern durch den Garten gingen und sie nicht sahen? Sind auch sie über Nacht aufgetaucht?
Ominée hatte vor, Johannisbeermarmelade zu machen. Damit ist es nun vorbei, denn die Marillen müssen rasch geerntet werden, ehe die Wespen sie auffressen.
Großvater kommt mit der Baumsäge. Sie ist an einer langen Stange befestigt und hat an der Spitze einen großen Haken. Mit diesem Haken fängt Großvater sogar die obersten Äste, und wenn er sie schüttelt, fallen die Marillen wie ein goldener Regen. Im Nu sind die Bäume leer, und wir haben zwei Körbe voll Marillen.
Die Körbe sind schwer, und der Weg zurück zum Haus ist lang. Großvater stellt seinen Korb zu Boden und legt eine Pause ein. Er sieht sich bedächtig um.
»Ich werde verrückt!« sagt er müde. »Die Mirabellen sind auch so weit.«
Es stimmt. Der Mirabellenbaum an der Hausecke ist eine Wolke von winzigen goldenen Früchten. Wieder eine Übernachtserscheinung.
»Frauenarbeit, Dauerarbeit«, schmunzelt Großvater. »Ich mache mich aus dem Staub.«
Ominée seufzt. »Es bleibt uns nichts übrig«, sagt sie, »wir müssen sie ernten, oder die Vögel kriegen sie.«
Diesmal klettere ich in den Baum und schüttle die Äste, während Ominée die Früchte einsammelt. Mirabellen sind klein, der Ertrag des ganzen Baums füllt kaum einen Korb.
In der Küche betrachten wir dann die Ausbeute des Tages: zwei Schüsseln schwarzer Johannisbeeren, zwei große Körbe Marillen und ein Korb Mirabellen. Alle von unseren eigenen Bäumen, kostenlos ins Haus geliefert. Es ist kaum zu glauben.
»Ich hoffe«, sagt Ominée, »das ist alles.« Sie setzt sich müde zum Tisch,

doch ich sehe ihr an, daß sie schon an die Marmeladen und Gelees und Säfte und Kuchen denkt, zu denen sie den Inhalt der Körbe verarbeiten wird.
Energisch greift sie nach dem Messer und beginnt, die Marillen zu halbieren und zu entkernen.
Der Garten ist dabei, das zurückzugeben, was in ihn hineingesteckt wurde. Langsam beginnt die Waage sich zu neigen.

Neue Stecklinge oder In einem Garten gibt es immer Platz

Es kommt eine Zeit, mitten im Sommer, wo der Garten müde wird. Seit dem Frühling hat er uns ununterbrochen mit Blumen erfreut, angefangen von Narzissen und Tulpen über die bunte Skala der Sommerblumen, bis zur Krönung, der Pracht der Rosen, die die Juni- und Julinächte mit ihrem berauschenden Duft füllten.
Jetzt lehnt er sich zurück, der Garten, und macht Atempause. In den Rabatten gibt es nur wenige Blumen, hier und da eine Gruppe roten oder rosa Phlox, ein paar spätblühende Gladiolen. An den Rosen wachsen neue, rötliche Triebe, welche die zweite Blüte tragen werden; andere Triebe erscheinen gleichzeitig. Sie sind hellgrün und schwächlich und stammen meist von den Wurzeln: das sind die sogenannten Läufer. Sie sind nichts anderes als ein Versuch der Rose, zu ihrer ursprünglichen Gestalt zurückzufinden, die sie hatte, ehe die Züchter kamen und sie umgestalteten. Würden die Läufer ungehindert weiterwachsen, dann hätten wir bald eine ganz gewöhnliche Heckenrose, die am Wegrand entzückend aussieht, in einem gepflegten Garten jedoch nichts zu suchen hat.
Also wühlt Ominée mit dem Finger in der Erde, bis sie die Stelle findet, wo

der Läufer aus der Wurzel wächst. Da bricht sie ihn ab – sie schneidet ihn nicht ab, sonst würde er von neuem wachsen – und häuft die Erde wieder an.
Zu dieser Zeit wird auch eine neue Geraniendynastie gegründet. Mit einem scharfen Messer schneidet Ominée die kräftigsten und gesündesten Triebe von jeder Pflanze ab und steckt sie in Blumentöpfe voll frischer Gartenerde, manchmal auch mehrere Stecklinge in einen Topf, wenn genügend Platz ist. Dann stellt sie die Töpfe in den Garten, wo sie Luft und Sonne haben: nach drei, vier Wochen schlagen die Stecklinge Wurzeln – wenn du ganz vorsichtig an einem ziehst und er läßt sich nicht aus der Erde heben, dann weißt du, daß er Wurzeln hat, die ihn zurückhalten.
Wenn die Tage kürzer und kühler werden, bringt Ominée die Töpfe mit den Geranienstecklingen ins Haus und stellt sie ans Fenster. Bis zum Frühling – vorausgesetzt, daß sie regelmäßig gegossen werden – sind sie zu rüstigen kleinen Geranienstöcken herangewachsen. Dann kommt jeder in seinen eigenen Topf, und hinaus in den Garten mit ihnen, wo sie über den Sommer groß und stark werden und, im August, selbst Stecklinge für das nächste Jahr abgeben.
Stecklinge kann man von fast allen Stöcken nehmen. Wir sind geradezu stecklingsfreudig geworden: Während Ominée bei den Geranien arbeitet, versucht es Großvater mit den Johannisbeeren. Er schneidet die Triebe ab, die heuer getragen haben, kürzt sie auf eine Länge von dreißig Zentimeter und steckt sie einfach in die Erde, in Gruppen zu sechst. Im Augenblick sehen sie noch recht dünn und traurig aus, es heißt aber, daß sie sehr schnell Wurzeln schlagen. Großvater ist voll Hoffnung und geht auf die Suche nach neuen Opfern.
Sein Blick landet auf den Lavendelstöcken. Im Nu hat er die jüngeren Triebe abgeschnippt und sie – wie die Geranien – in Töpfe voll frischer Gartenerde gesteckt. Ich bin nicht sicher, ob sie kommen werden. Mehr Glück wird er bestimmt mit Arabis, der Gänsekresse, haben, deren Triebe einem praktisch in der Hand wachsen und die überall in die Erde gesteckt werden können, solange sie nur genügend Sonne haben.

Stecklinge sind nicht die einzige Methode, Pflanzen zu vermehren: man kann sie auch trennen. Voriges Jahr trennte Ominée eine Schwertlilie, die müde geworden war und keine schönen Blüten mehr hervorbrachte. Aus dem einen Stock, der sehr groß geworden war, machte sie achtundvierzig, mit denen sie alle Lücken in den Rabatten füllte! Und heuer hatten wir ein Blütenmeer.
Das Trennen von Pflanzen ist denkbar einfach: Man hebt sie mit einer Gabel aus der Erde (bitte nicht mit dem Spaten, du könntest die Wurzeln beschädigen) und reißt die Pflanze vorsichtig mit den Händen auseinander. Die neuen Teile pflanzt man dann, so wie sie sind, in die Erde. Außer den Schwertlilien haben wir auf diese Weise unsere Chrysanthemen, die Herbstastern und den Rittersporn getrennt.
Großvater sagt, wenn wir unsere Pflanzen weiter vermehren, werden wir eine der Wiesen umstechen müssen, um Platz für sie zu machen. Ominée sagt, Großvater übertreibt: In einem Garten gibt es immer Platz.

Welche Blumen für den Trockenstrauß?

Manchmal denk' ich mir, so ein Garten hat doch viel Geduld. Kaum hat er damit angefangen, die Arbeit, die in der ersten Jahreshälfte gemacht wurde, zu belohnen, indem uns das Obst sozusagen in den Schoß fällt (Großvater: »Nichts fällt uns in den Schoß, wir arbeiten den Rest des Jahres wie die Sklaven!«), hält Ominée schon Ausschau, was er uns für den Winter schenken könnte.
Eigentlich sollte man annehmen, ein Garten würde streiken und meinen, er habe mit dem Obsthergeben genug zu tun, ohne auch noch an Weihnachten denken zu müssen.
Ominée weiß aber, was sie tut. Jedes Jahr im August beginnt sie Blumen zum Trocknen zu sammeln, die sie dann für die Wintervasen und die

Weihnachtsdekorationen brauchen wird.
Die Wiesenblumen stehen jetzt in voller Blüte, es ist an der Zeit, sie zu pflücken, ehe die Heuernte beginnt. Einige von ihnen, etwa der wilde Mohn oder der Knoblauch, sind schon verblüht, ihre wunderschönen Samenschoten finden aber wegen ihrer ungewöhnlichen Form in jedem Gesteck Platz.
Die blauen und purpurnen Blumen prangen jetzt in voller Schönheit: die Kornblume, der Wiesensalbei, die Disteln und all die verschiedenen Arten von Skabiosen. Ominée pflückt sie, wo sie sie findet, sie wählt die, die gerade anfangen zu blühen, und gibt denen den Vorrang, die beim Trocknen die Farbe am besten behalten, nämlich die weißen und blauen Blu-

men, die nur wenig verblassen, wenn sie trocken werden. Ominée läßt die Stiele so lang wie möglich, um sie zusammenbinden zu können; die Blätter entfernt sie, da sie im getrockneten Zustand nicht schön sind.
Auch allerlei Gräser finden den Weg in Ominées Korb. Sie sagt, sie geben einem Wintergesteck Höhe und passen ausgezeichnet zu Trockenblumen. Allerdings besprüht sie sie vor dem Aufhängen mit Haarspray, damit die winzigen Samen nicht abfallen.
Sogar der Küchengarten trägt zur Winterdekoration bei: die Samenschoten von Knoblauch (wie wir schon gesehen haben) und von Zwiebeln sind prachtvoll in ihren Naturfarben, man kann sie aber auch für ein Weihnachtsgesteck vergolden oder versilbern. Ominée vergißt auch Karottenblätter und Mais nicht. Den Mais läßt sie manchmal so, wie er ist, mit seiner schönen Hülse, und spießt ihn auf einen langen Draht. Fünf oder sechs solcher aufgespießter Maiskolben in einer hohen Vase bilden einen stattlichen Hausschmuck.
Im Garten selbst nehmen wir die Samenkapseln des Rittersporns, der Malven, des Riesenmohns – sie trocknen alle gut und haben eine wunderschöne Form. Die Clematis oder Waldrebe, deren große, flache Blüten rund um die Eingangstür wuchern, ist jetzt ein Wald von flauschigen, haarigen Samenköpfen, wie man sie auch wild auf Hecken sieht.
Bei Ominée ist »Zum-Trocknen-Sammeln« keine organisierte Tätigkeit: wir machen keine Ausflüge zwecks Pflücken von Gräsern oder Blumen oder Samenkapseln. Sie hält einfach bei der Gartenarbeit die Augen offen, und nimmt hier und da etwas, wie es sich ergibt. Sie sagt, auf diese Weise übt sie sich in Aufmerksamkeit: es gibt ohnehin zuviel Leute, die träumend durch den Garten gehen.
Ominée sagt auch: Wenn sie die gesammelten Schätze sortiert und in Bündeln mit dem Kopf nach unten, zum Trocknen aufgehängt hat, dann hat sie das Gefühl, als hätte sie einen Teil des Sommers gestohlen und für den Winter aufbewahrt.
Sozusagen als Vorrat.

Liebe Mitbewohner

Heute ging ich zum Keller hinüber, um eine Flasche Obstsaft zu holen. Ich öffnete die Tür, und da war Sammy. Er stand knapp hinter der Tür, und als sie aufging, watschelte er gemächlich über die Schwelle, an meinem Fuß vorbei und auf den Rasen hinaus.
Sammy ist ein großer, fescher Salamander. Im Gegensatz zu den meisten Bewohnern der Wiesen und des Gartens ist er ein ausgesprochener Dandy mit seinem glänzenden, goldgefleckten Rock; und obwohl sein Gang nicht ganz so elegant ist wie sein Aussehen (er ist O-beinig, und statt zu gehen schiebt er sich seitlich voran), macht er einen durchaus prächtigen Eindruck. Und dessen ist er sich bewußt.
Falls er eines Tages mit einem Zylinder auf dem Kopf und einem schwarzen Stock in der Pfote erschiene, könnte es ohne weiteres sein, daß es mir gar nicht auffallen würde.
Sammy verweilt gern in dunklen, feuchten Unterkünften, zum Beispiel in Kellern, und nichts genießt er mehr als einen Spaziergang im Regen. Daher das Warten hinter der Kellertür. Er muß gewußt haben, daß es heute regnet. Im Wasser fühlt er sich überhaupt am wohlsten. Wahrscheinlich geht er jetzt zum Bach – er ist ein hervorragender Schwimmer.
Er watschelt gemütlich weiter. Ab und zu streift er im Vorbeigehen an die taufeuchten Grashalme, und dann genießt er die herrlich kühlen Tropfen, die auf seinen Rücken fallen. Eine Amsel landet auf dem Rasen vor ihm. Er bleibt stehen und spuckt sie wütend an: das sind aber keine schlechten Manieren, sondern Sammys Art, sich zu verteidigen. Die Flüssigkeit, die er verspuckt, ist giftig, und wird sie von einem Kleintier geschluckt, so stirbt es daran. Sogar Hunde reagieren mit Erbrechen auf diese Flüssigkeit, die sich in Drüsen unter Sammys Haut befindet. Packst du ihn beim Genick und hebst ihn auf, so spuckt er wild in alle Richtungen, und zwar erstaunlich weit.

Sammy zeigt sich nicht sehr oft, daher machen wir viel Aufhebens von ihm und bieten ihm Leckerbissen an, die er aber meist ablehnt, denn er hat seine bevorzugten Speisen: zum Großteil Tiere, die sich noch langsamer als er bewegen, etwa Regenwürmer und Schnecken, die nicht schnell genug weglaufen können. Ich nehme es ihm übel, daß er meine geliebten Schnecken frißt; aber sonst mag ich ihn recht gern und freue mich, wenn er sich zeigt.

Ein anderer Mitbewohner – allerdings nicht so gern gesehen wie Sammy – ist die Wühlmaus. Nicht einmal Großvater hat ein gutes Wort für sie, wenn er im Küchengarten mitten unter den Karotten und den Erbsen die Eingänge zu ihren Tunnels findet: mit einem Stock deckt er die Gänge auf, die manchmal über die ganze Breite des Gartens führen. Und frag' Ominée nicht, was sie ihren Narzissenzwiebeln im Obstgarten angetan haben. Wir haben es mit allen Abwehrmitteln versucht, von Patronen, die man in die Gänge schiebt und die die Luft vergiften, bis zu Mottenkugeln, die wir rund um den Zaun in die Erde preßten. Nichts hat die Wühlmäuse aufgehalten. Es heißt, Bussarde würden der Seuche bald ein Ende bereiten, aber mein Vorschlag, einen Hausbussard zu halten, traf auf wenig Gegenliebe.

Vorige Ostern sah Ominée aus dem Küchenfenster, und plötzlich rief sie:

»Ein Osterhase! Kommt schauen!«

Da saß ein riesiger, prächtiger Kerl seelenruhig mitten im Obstgarten, wackelte freundlich mit den Ohren und fühlte sich sichtlich geborgen. Wir bewunderten seinen feschen Schnurrbart und freuten uns, daß er sich zu einem so passenden Zeitpunkt zeigte.

Auf einmal sagte Großvater:

»Er kaut.«

Großvater verließ die Küche Richtung Obstgarten, worauf der Hase mit einem Riesensalto über den Zaun und in den Kohlacker von Herrn Schön verschwand. Großvater ging von einem Obstbaum zum nächsten, und sein Gesicht wurde immer finsterer.

»Er hat den ganzen jungen Bäumen die Rinde abgenagt«, rief er zu uns herüber.

Wir mußten also Zeitungen um die abgenagten Baumstämme binden, damit sie vom Osterwind nicht ausgetrocknet wurden, und dann befestigten wir Hühnerdraht um jeden Baum. Es war die Arbeit eines ganzen Vormittags.
Erinnerst du dich an den Zaun, den Großvater um den Küchengarten zog, nachdem ein Nachbar gesagt hatte, die Hasen würden die jungen Karottentriebe fressen? Nun, der Zaun hatte eine prächtige Wirkung: keine einzige Karotte wurde angerührt. Dafür werden die Tomaten auf mysteriöse Art dezimiert: von drei Exemplaren, die reifen, werden zwei aufgerissen und ausgehöhlt, als ob jemand mit einer winzigen Hacke an der Arbeit gewesen wäre.
Großvater steht fassungslos vor dem Schlachtfeld.
»Ich habe geglaubt, Hasen können nicht über Zäune springen«, sagt er verdrießlich.
Wir versuchen vergeblich, die Ursache dieser Verwüstung zu ergründen, geben endlich auf und gehen ins Haus zurück.
Kaum sind wir an der Ecke der Scheune angelangt, setzt ein ohrenbetäubendes Gegacker an. Wir drehen um, laufen zum Küchengarten und sehen, daß ein Fasanenpaar eine elegante Kurve zieht und zu einer perfekten Landung ansetzt.
Mitten in die Tomaten.

Nicht einmal dieses schamlose Übertreten der Gesetze des Zusammenlebens kann Großvaters Glaube an die Tugend aller Kreaturen Gottes unterminieren. Er betrachtet nach wie vor die Fledermäuse in der Scheune, Sammy den Salamander, die Hasen, die Fasane, die Grillen im Entlüftungsschacht, die Käfer und – Ominées Erzfeinde – die Spinnen in der Badewanne als Mitbürger.

Er will nicht einmal von Kategorien wissen.

»Sie sind alle unsere lieben Mitbewohner«, sagt er mit Nachdruck.

Und im Grunde unseres Herzens wissen wir, daß er recht hat.

Nichts geht verloren

Bum. Bum. Bum.

Mit gemessenem Schritt, sein Cape im Winde wehend, einen Korb über jedem starken Arm, schreitet der Herbst über die goldenen Stoppelfelder, dort, wo noch vor kurzem das Getreide wogte. Von weit her winkt er seinem alten Freund, dem Sommer zu, beschleunigt aber nicht den Schritt, denn er weiß, daß nichts sein Kommen verhindern kann. Sein Gang hat die Würde derer, die schwer beladen in der Fülle der Zeit gehen.

Bum. Bum. Bum.

Die ersten Äpfel fallen vom Baum am Ende der Pergola. Sie fallen auf den Holztisch und die Holzbänke, die Großvater gezimmert hat. Äpfel überall, sie sind grüngelb und locken zum ersten Biß in ihr festes Fleisch.

Aber der Schein trügt. Diese Äpfel sind nämlich voll von Würmern, und das ist auch der Grund, warum sie so früh vom Baum fallen. Beißt du in sie hinein, sind sie sauer wie Zitronen, und dein Gaumen wird sich wie altes Pergament zusammenziehen.

»Es darf nichts verlorengehen«, sagt Ominée entschlossen und gibt mir einen großen Korb in die Hand. Das ist ein Signal für Großvater. Er murmelt etwas von einer dringenden Arbeit und verschwindet in der Werkstatt. Obstpflücken ist Frauenarbeit, meint er. Oder meine.

Dreimal schleppe ich den vollen Korb zum Haus. Ominée sitzt auf der Terrasse vor der Küche und schneidet die wurmigen Teile aus den Äpfeln. Den Rest kocht sie ein paar Minuten. Das Haus ist erfüllt von dem herrlichen Duft gekochter Äpfel: ein Duft, der untrennbar ist von den warmen Tagen und kühlen Nächten des Spätsommers, von der ersten Ernte.

Die gekochten Äpfel gibt Ominée in den Mixer, dazu etwas Zitronensaft, und verarbeitet das Ganze zu einem geschmeidigen Püree. Dieses Püree wird dann in Behälter gefüllt und im Tiefkühlschrank aufbewahrt. Im

Winter bereitet Ominée daraus ihre Apfelsauce mit Rosinen und Mandeln, oder sie serviert es einfach als Nachspeise, mit Nüssen und Schlagobers.
Die wurmigen Teile der Äpfel, die Ominée herausgeschnitten hat, werden auf den Komposthaufen geworfen. Da verfaulen sie dann und tragen dazu bei, daß wir im Frühling schöne schwarze Erde haben.

Kaum sind wir mit dem Apfelpüree fertig, steckt Großvater den Kopf durch die Tür.
»Der Holunder ist so weit«, sagt er lakonisch und verschwindet wieder in der Werkstatt.
Da hilft nichts, der Holunder muß geerntet werden. Wir legen eine große Plastikdecke unter den Holunderstrauch, und gleich darauf sitze ich im Strauch und schneide die großen Dolden schwarzer Beeren ab, die auf die Decke fallen, während Ominée, die nicht gern klettert, alles abschneidet, was sie von unten erreichen kann. Ist der Strauch ganz abgeräumt, nehmen wir die Plastikdecke an allen vier Ecken und tragen sie zum Tisch auf der Küchenterrasse. Dort sitzen wir dann und streifen mit einer Gabel die Beeren von den Stielen, wobei wir die noch grünen Beeren wegwerfen, denn sie schmecken bitter. Die schönsten Beeren werden tiefgekühlt. Im Winter geben sie, mit Äpfeln gekocht, ein herrliches Kompott.

Wer Holunder pflückt und verarbeitet, muß eine Schürze und, wenn möglich, Gummihandschuhe tragen, denn die Flecken dieser saftigen Beeren sind schwer zu entfernen. Man sagt, sie verschwinden erst mit der nächsten Ernte.
Der Rest der Holunderbeeren wird zu Saft verarbeitet. Jetzt tritt der Entsafter in Aktion. Unser Entsafter ist groß und faßt eine Menge Obst. Wir geben die Beeren in das Sieb (a), das Sieb kommt in einen Behälter (b), der mit einem Deckel verschlossen wird. Dann stellen wir den Behälter in ein Gefäß mit heißem Wasser (c) und bringen das Wasser zum Kochen.

Inzwischen werden leere Flaschen keimfrei gemacht: Wir legen sie in eine Pfanne mit kaltem Wasser und achten darauf, daß sie sich mit Wasser füllen. Die Pfanne wird erhitzt, bis das Wasser kocht. Nach kurzer Zeit steigt der Schmutz auf, der in den Flaschen war, sammelt sich am Fla-

schenhals, tritt über den Rand und wird weggespült. Damit sind die Flaschen keimfrei.
Jetzt kocht das Wasser unter dem Obstbehälter. Der Dampf steigt durch einen Schacht und dringt in das Sieb, wo er die Fruchtzellen zum Platzen bringt. Der Fruchtsaft fließt durch die Löcher des Siebs und sammelt sich auf dem Boden des Behälters, von wo er durch einen Gummischlauch, der mittels eines Hahns zu öffnen und zu schließen ist, in die vorbereiteten Flaschen gefüllt wird. Die Flaschen müssen natürlich noch heiß sein, sonst zerspringen sie, wenn der heiße Saft eingefüllt wird.
Zuletzt werden die Flaschen mit Gummikappen verschlossen, die gemeinsam mit den Flaschen im kochenden Wasser entkeimt wurden.
Unser Saft hält sich mindestens ein Jahr lang.
Du wirst dich fragen, was wir mit unserem Holundersaft machen. Nun, Ominée mischt ihn mit Apfelsaft, und daraus bereitet sie ein köstliches Gelee. Oder sie kocht eine herzhafte Wintersuppe: Der Saft wird in einer Pfanne erwärmt, mit Kartoffelmehl eingedickt, dann wird etwas Rotwein und Orangensaft hinzugefügt. In letzter Minute rührt Ominée einen Löffel Sauerrahm ein und legt in Butter geröstete Brotscheiben auf die Suppe.
Auf diese Weise geht nichts, aber auch wirklich gar nichts verloren.

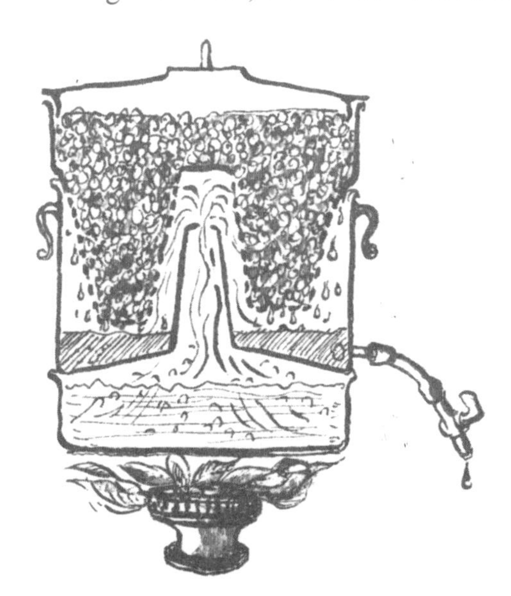

Der eingepökelte Sommer

Heute vormittag hat der Maulbeerbaum das erste Blatt verloren. Es gab ein leises Rascheln in den obersten Ästen, so leise, daß man es nicht hören konnte, außer wenn man – wie das bei mir der Fall war – gerade im Gras unter dem Baum lag. Ich blickte in die Zweige hinauf und sah das gelbe Blatt langsam herunterfallen. Es rutschte durch die Zweige, kam dann und wann unter seinen noch grünen Kumpanen zur Ruhe, dann glitt es wieder weiter abwärts, mit jenem leisen Flüstern, das einem gegenseitigen Abschied, einem sanften Scheiden von den Gefährten des Sommers ähnelt.

Eine letzte Ruhepause auf dem untersten Ast, dann schwebt das Blatt zu Boden, dreht sich nochmals, als ob es einen letzten Blick auf den Baum werfen wollte, und landet sanft im Gras.

Es liegt mir fern, ein poetisches Lied über die Melancholie des Herbsts, den Abschied vom Sommer, das sterbende Jahr zu singen. Wir überlassen solche Dinge lieber dem Romantiker und begnügen uns, jede Jahreszeit so wie sie kommt zu genießen.

Allerdings ist das erste Blatt, das fällt, ein Zeichen, daß wir bald mit dem zweiten Teil unseres »Sommerkonserven«-Programms – wie Ominée es nennt – beginnen müssen. Erinnerst du dich, wie wir die Sommerblumen und Gräser pflückten und in der Werkstatt zum Trocknen aufhängten? Nun, diesmal wird dasselbe gemacht, nur werden die Pflanzen nicht getrocknet, sondern sozusagen eingelegt. Großvater hat, wie immer, das richtige Wort gefunden: er nennt es Einpökeln.

Wir pflücken Laub und Beeren, und zwar vor dem Farbwechsel, und nicht, wenn sie schon verfärbt sind: das heißt, mitten im Sommer oder im Spätsommer, meistens im August. Wir nehmen ganze Zweige oder Bündel Laub, oder Beeren, und schneiden die Stämme bis zu fünf Zentimeter auf, dann stellen wir sie in große Gläser, wie Ominée sie für eingelegtes Obst

nimmt. In jedem Glas befindet sich eine Lösung von Glyzerin und heißem Wasser, die ungefähr fünf Zentimeter hoch ist, also dem aufgeschnittenen Teil der Stämme entspricht. Bei verholzten Stämmen – etwa Buchenzweigen – schälen wir die Rinde bis zu einer Höhe von fünf Zentimeter ab, damit sie die Flüssigkeit leichter aufsaugen können.
Dann tragen wir die Gläser in die Werkstatt und lassen sie etwa zwei bis sechs Wochen stehen, je nach Inhalt. Während dieser Zeit saugen die Stämme die Flüssigkeit auf, die bis zu den Blättern hinaufsteigt. Ist sie bei den Blättern angelangt, verdunstet das Wasser durch die Poren der Blätter (das wirst du schon in der Botanikstunde gelernt haben), das Glyzerin aber verdunstet nicht, sondern bleibt in den Blättern und verhindert, daß sie trocken und brüchig werden. Die Blätter bleiben weich und seidig, und manchmal verfärben sie sich auf wunderbare Weise.
Aus unserem Garten pflücken wir folgende Zweige zum »Einpökeln«:
Rosenfrüchte (genannt Hetschepetsch)
Buche (die Blätter werden rot und bronzefarben)
Efeu
Pfingstrosenblätter (sie werden bronzefarben)
Brombeeren (mit Früchten)
Pyracantha oder Feuerdorn (mit Beeren)
Clematis oder Waldrebe, deren Fruchtstände wie ein grauer Schleier über die Hecken ranken
Mahonie (mit Beeren, verfärbt sich prachtvoll)
Vogelbeerbaum (mit Beeren)
Bei Zweigen mit Beeren warten wir, bis die Blätter seidig geworden sind, dann besprühen wir die Beeren mit Haarspray, damit sie nicht zu schnell schrumpfen und einen schönen Glanz bekommen.
Nun ist Glyzerin eine ziemlich teure Angelegenheit. In guten Jahren, wenn wir viele Zweige zum »Einpökeln« haben, nimmt Ominée daher statt Glyzerin das Frostschutzmittel, das Großvater im Winter in den Kühler des Autos gibt, damit das Wasser nicht friert. Es ist nicht ganz so wirksam wie Glyzerin, dafür aber viel billiger!

Es kommt dann ein Tag, zu Winteranfang, an dem Großvater, vor sich hin murmelnd, in der Garage herumstöbert.
»Was suchst du, Schatz?« fragt Ominée mit unschuldiger Miene.
»Ich verstehe das nicht«, faucht Großvater. »Jeden Frühling bleibt mir Frostschutzmittel vom vorigen Winter übrig, und jeden Herbst suche ich es und finde es nicht. Es müssen Kobolde im Haus sein.«
Ominée antwortet nie. Aber wenn der Winter kommt, ist das Haus voll großer Sträuße »eingepökelter« Blätter und Beeren, seidenweich und voll leuchtender Farben.

Gefiederter Besuch

Ein gewaltiges Rauschen über meinem Kopf, wie von tausend Flügeln. Das wird doch nicht eine Schar von Engeln sein, die, einen Olivenzweig in der einen und eine Posaune in der anderen Hand, in irgendeiner Mission vom Himmel kommen?
Ich laufe aus dem Haus. Vielleicht werde ich ihre mächtigen silbrigen Flügel, wenn auch noch so flüchtig, zu sehen bekommen, wie sie die Luft aufpeitschen, so daß sich die Bäume beugen und hin und her werfen.
Ich sehe allerdings nichts anderes als einen Schwarm Stare, die gerade über dem Scheunendach verschwinden. Eine Minute lang geschieht nichts, dann kommen sie wieder herübergeflogen, Hunderte von ihnen. In geschlossener Formation gleiten sie knapp über die Dachkante, dann ziehen sie eine steile Kurve, so hoch hinauf, daß sie nur ein Fleck am Himmel sind, fallen wieder herunter, ziehen noch eine Kurve und dann, sozusagen als Abschluß, erfolgt ein großangelegter, fächerförmiger Flug über die Dächer des Dorfs. Und all dies im perfekten Zusammenspiel, als würde eine unsichtbare Hand mit einem langen, schimmernden Schleier Arabesken in den Himmel zeichnen.
Was ist es, das sie zusammenhält, während sie ihre himmlischen Akrobatenkunststücke üben? Welcher von ihnen ist der Führer, und wie gibt er seine Befehle? Man spricht von Instinkt, und auch davon, daß die Stare mit einer Art Radarsystem versehen sind, das blitzartig Botschaften von einem Vogel zum anderen überträgt. Es hat sich aber noch niemand gefunden, der das Geheimnis dieser geflügelten Tänzer der Luft endgültig gelöst hätte, die mit solcher Grazie und Geschlossenheit über unseren Köpfen hinwegziehen.
Plötzlich landen sie alle zusammen auf der Mittelwiese, und mit einem Schlag ist alle Grazie und Leichtigkeit geschwunden. Kurzbeinig und kurzschwänzig watscheln sie geschäftig umher und bohren den kräftigen

Schnabel in das Gras und die Erde, auf der Suche nach Würmern und Käfern. Dabei schwatzen sie ununterbrochen, in einer Mischung von Pfeifen, Kichern und Glucken – ein Lärm, den man eher auf einem Gutshof vermuten würde als in einem Vogelschwarm. Eine erdgebundenere, nüchternere Bande kann man sich schwer vorstellen. Alle meine Illusionen von einer Engelschar sind dahin.

Es ist auch etwas noch Seltsameres an diesen vielseitigen Vögeln: Im Zwiegespräch ist ihr Ton so laut und wenig vornehm, daß es klingt, als würden sie einander ununterbrochen schlechte Witze erzählen oder sich sogar gegenseitig beschimpfen. Und doch haben Stare ein äußerst empfindliches und musikalisches Gehör, denn sie sind, besser als fast jeder andere Vogel, imstande, Laute nachzuahmen. Nicht nur, daß sie den genauen Tonfall anderer Vögel treffen – zum Beispiel den von Amseln oder Drosseln, von Hühnern gar nicht zu reden –, sie sind auch fähig, mechanische Geräusche, wie das Knarren einer Tür, nachzumachen. Auf Grund dieser Gabe werden sie oft im Käfig gehalten. Da wir aber Leute nicht mögen, die Vögel im Käfig halten, wechseln wir das Thema.

Zu dieser Jahreszeit kommt noch ein anderer Besuch in unsere Gegend, und das ist die Wacholderdrossel, die von den Birkenwäldern des Nordens zum Überwintern in wärmeren Ländern unterwegs ist. Auch die Wacholderdrosseln kommen in Scharen, und wenn sie plötzlich im Obstgarten landen, sind die Bäume und das Gras belebt von ihrem geschäftigen Hin und Her. Dabei schwatzen sie genauso laut wie die Stare, aber nicht so ordinär, wie mir jedenfalls scheinen will. Die Wacholderdrossel ist größer als ihre Cousine, die Singdrossel, singt aber nicht so schön. Dafür hat sie dieselbe gefleckte Brust, die ihr, zusammen mit dem grauen Kopf und Rücken, ein würdiges Ansehen verleiht: Wenn die Wacholderdrosseln herumstehen, ähneln sie einer Versammlung von Ratsherren, die sich angeregt, aber würdevoll über Politik unterhalten.

Morgen werden die Wacholderdrosseln südwärts weiterfliegen, die Stare aber nicht. Keck, geschwätzig und gefräßig, werden sie bis zum Herbst bei uns ausharren. Sehr zum Leidwesen der Bauern.

Ein Hauch von Frühling

»Guten Morgen!« sagt Großvater, heiter wie immer, als er zum Frühstück kommt.
Ominée antwortet nicht.
»Guten M o r g e n ! « wiederholt Großvater, etwas lauter, jedoch ohne besonderen Nachdruck.
Schweigen.
»O je«, sagt Großvater, »ich fürchte, die ersten Kataloge sind gekommen.«
Er hat recht. Du mußt wissen, daß Ominée es normalerweise nicht gern sieht, wenn man bei Tisch liest. Außerdem ist sie fast immer die erste, die grüßt. Heute jedoch sitzt sie am Frühstückstisch, die Brille auf der Nase, ein Butterbrot in einer Hand und den Eierlöffel in der anderen. Sie hat bisher weder Butterbrot noch Ei angerührt.
Der Katalog liegt vor Ominées Platz, an den Milchkrug gelehnt. Er ist groß und er glänzt. Auf der vorderen Umschlagseite ist eine Riesenrose zu sehen, daneben ein Maßband, das zeigt, daß die Rose einen Durchmesser von zwanzig Zentimeter hat. Die Farbe der Rose ist ein grelles Grün. Quer über den Umschlag läuft der Text:
»NEU! NEU! NEU! Auch Sie können mit dieser GRÜNEN ROSE protzen! Sie werden sehen, daß Ihr Nachbar GRÜN VOR NEID wird!! Gleich jetzt bestellen, sonst gehen Sie leer aus!!!«
»Ich hoffe«, sagt Großvater mit der gebotenen Vorsicht, »daß du nicht daran denkst, die grüne Rose zu bestellen. Es würde aussehen, als hätten wir Suppenteller voll Spinat im Garten.«
Die Reaktion bleibt aus. Ominée scheint die Bemerkung nicht einmal gehört zu haben. Sie liest weiter, Butterbrot und Eierlöffel noch immer in der Luft haltend. Ab und zu legt sie das Butterbrot hin und blättert um.
Auf der Rückseite des Katalogs sind Erdbeeren abgebildet. Sie sind groß wie Hühnereier, die Anlage hat ungefähr die Dimensionen eines Fußballfelds.

»Sensationeller Durchbruch!« heißt es. »Diese neue Erdbeere trägt RIESENFRÜCHTE VON JUNI BIS ZUM ERSTEN FROST!!! Jede Pflanze bringt Rekordernten! Machen Sie Ihre Familie den ganzen Sommer lang glücklich!!«
»Quatsch!« sagt Großvater. »Ich glaube kein Wort davon! Und wenn sie wirklich so groß wären, dann würden sie nach abgestandenem Leitungswasser schmecken. Außerdem, wer will schon von Juni bis November Erdbeeren essen? Am Ende würden wir selbst wie Erdbeeren aussehen!«
Immer noch keine Reaktion. Ominée beißt jetzt zumindest in ihr Butterbrot und klopft das Ei mit dem Löffel auf. Ihre Augen sind aber immer noch auf den Katalog gerichtet, und es gelingt mir nur ganz knapp, sie daran zu hindern, daß sie Zucker in das Ei gibt.
Das Schweigen hält an, nur gelegentlich hört man ein Rascheln, wenn Ominée umblättert.
»O je«, sagt Großvater von neuem, »ich fürchte, das kostet Geld.« Und mit größter Vorsicht: »Wie weit bist du, Schatz?«
Diesmal hört Ominée. Sie richtet sich in ihrem Stuhl auf, nimmt die Brille herunter, und ihr Blick, bisher der angenehmen Vision von Tulpenfeldern, Rosenrabatten, Narzissenmeeren und smaragdgrünem Rasen hingegeben, kehrt wieder zur Erde zurück und trifft Großvaters halb belustigte, halb alarmierte porzellanblaue Augen.
»Heuer ist die Liste ganz bescheiden!« sagt sie heiter. »Ich dachte, wir könnten einmal sparen.«
»Aha«, sagt Großvater unverbindlich. »Und wie stellst du dir das vor?«
Ominée belebt sich zusehends.
»Also«, sagt sie, »unbedingt notwendig sind drei Gruppen großer Tulpen, zwei Gruppen Zwergtulpen und eine Gruppe von der frühblühenden Sorte; vier Teerosen, eine Kletterrose, ein Apfelbaum, ein Pflaumenbaum und vierzig Polyantharosen. Dann werden wir natürlich die Lücken in den Himbeeren und in der Hecke schließen müssen.«
»Red' mir nicht von der Hecke«, stöhnt Großvater.
Aber Ominée ist nicht mehr aufzuhalten.

»Die gesamten Dahlien und ein Teil der Chrysanthemen wurden im Mai vom späten Frost erwischt, wir werden also neue bestellen müssen. Übrigens, es gibt eine neue Sorte Chrysanthemen, die hat weiße und gelbe Blüten auf demselben Stiel. Vielleicht könnten wir ein paar davon haben. Und dann kommt eine neue Dahlie auf den Markt, die hat Blütenblätter, die sich aufrollen, wenn man sie berührt.«

»Kann sie Fliegen fangen?« fragt Großvater.

Ominée läßt sich nicht ablenken. Mit leuchtenden Augen und fiebrigen Wangen blättert sie im Katalog und liest die Texte vor.

»Hör dir das an: ›Wozu eine Südseereise? Züchten Sie Ihre eigenen Kokosnüsse! Zwergpalmen mit eingebauter tropischer Heizung für Ihren Balkon!‹ Und hier: ›Keine Enttäuschungen mehr! Plastiknarzissen für den Garten! Einfach in den Boden stecken! Von wirklichen Blumen nicht zu unterscheiden!‹«

»Laß mich eine Sekunde den Katalog sehen«, sagt Großvater. Nachdenklich zieht er an seiner Pfeife und wendet die Seiten.

»Hier wäre etwas«, sagt er. »Eine neue Sorte von Geranien, die durch Farbänderung das Wetter vorhersagen. Ein Gewitter zeigen sie mit Dunkelrot an, Sonnenschein mit Lachsrosa.«

Ominée nimmt den Bleistift zur Hand. »Ich notiere«, sagt sie ganz aufgeregt. Dann aber hält sie inne, schaut Großvater mißtrauisch an und legt den Bleistift wieder hin.

»Eins zu null für dich«, sagt sie.

Und beide lachen.

Der Igel Hannibal

Die letzte Augustwoche. Es ist Abend, und die Wärme des Tages verweilt noch, obwohl die Dunkelheit früh gekommen ist, früher noch als gestern. Mir will es scheinen, als würde die Nacht jeden Tag ein paar Minuten mehr für sich abschneiden.

Wir sitzen beim Abendessen auf der Küchenterrasse. In den Windlichtern flackern die Kerzen, und obwohl der Wind sich gelegt hat, ist die Nachtluft kühl geworden. Ominée zieht den Schal um die Schultern.

Diese letzten Mahlzeiten auf der Terrasse unter dem Küchenfenster sind eine Art von Dankfest, ein langsamer Abschied von den Freuden des Sommers: jeder von uns feiert diese Abende wie kostbare Geschenke, die um so wertvoller sind, weil wir wissen, wie wenig von ihnen wir noch zu genießen haben. Manchmal versickert das Gespräch: es sind Momente des Schweigens, in denen wir in die samtartige Nacht hineinschauen, auf die beleuchtete Kirche auf dem Hügel, auf den Herbstmond hinter den Bäumen.

Mitten in so einem Schweigemoment hört man ein geheimnisvolles Rascheln, als ob jemand auf trockenes Laub treten würde. Es kommt vom Lindenbaum her.

»Das wird Hannibal sein«, sagt Großvater, »er . . . «

Er hat nicht einmal Zeit, den Satz zu Ende zu sprechen. Potzerl, die bisher auf der Küchenschwelle saß und planlos den Mond anbellte, saust über die Terrasse zum Lindenbaum – unterwegs wirft sie zwei Windlichter um –, und dann setzt ein Höllenlärm ein. Potzerls Mondbellen hat sich zu einem ohrenbetäubenden Kläffen verwandelt, dazwischen hört man sie knurren, und ab und zu heult sie vor Schmerz auf. Großvater und ich laufen zum Schlachtfeld hinüber, packen Potzerl beim Halsband und schleppen sie zum Tisch zurück. Sie knurrt immer noch, und ihre Schnauze blutet heftig.

»Geschieht dir recht«, sagt Großvater streng. »Laß doch den Hannibal in Ruhe!«

Meiner Meinung nach ist das ein bißchen hart für Potzerl. Seit die Welt existiert, sind Igel die Hauptfeinde der Hunde, und keine Predigt wird Potzerl je davon überzeugen können, daß Hannibal nicht als berechtigtes Opfer anzusehen ist, nur dazu da, um in den Igelhimmel befördert zu werden.

Selbstverständlich hat sich Hannibal zurückgezogen: das heißt, er hat sich zusammengerollt und wartet ab. Kopf und Pfoten hat er in die weiche Bauchpartie gesteckt; geschützt wird das Ganze von den furchtbaren Stacheln, die normalerweise flach am Rücken anliegen und sich beim Aufrollen sofort aufstellen. Sie sind wirklich eine schreckliche Waffe! Wie Nadeln stechen sie durch den stärksten Lederhandschuh, und was Potzerls Schnauze betrifft . . . na, schau sie an!

Wenn Hannibal zusammengerollt ist, kann ihm praktisch nichts passieren. Ich habe gesehen, daß er wie ein stacheliger Ball von einer Mauer plumpste und unversehrt davonlief. Selbstverständlich schläft er immer zusammengerollt. Nicht einmal durch Anstoßen oder Schieben kann man bewirken, daß er sich auseinanderrollt; man könnte also annehmen, daß er in seiner Rüstung völlig sicher ist. Eines aber bringt ihn aus der Fassung: fällt er in den Bach, rollt er sich sofort auseinander, um sich zu retten. Leider ist der schlaue Fuchs hinter dieses Geheimnis gekommen. Manchmal rollt er den Igel mit der Pfote ins Wasser und tötet ihn, wenn der stachelige Panzer sich geöffnet hat.

Hoffentlich passiert das nie mit Hannibal. Wir lieben ihn sehr. Obwohl er ein Nachtgeschöpf ist und wir ihn nur selten zu Gesicht bekommen, wissen wir, daß er im Garten viel Gutes tut: er frißt Käfer und Wühlmäuse, die an den Zwiebeln und Wurzeln knabbern und Ominée zur Verzweiflung bringen. (Er frißt leider auch meine Freunde, die Schnecken!) Tagsüber kannst du ihn stundenlang vergeblich suchen, da liegt er nämlich zusammengerollt in seiner Höhle oder unter einer Hecke. Er wartet den Sonnenuntergang ab, um auf seine Wanderungen zu gehen.

Jeden Abend stellt ihm Ominée eine Schale Milch hinaus, und am Morgen ist die Milch weg. Um Ominée zu ärgern, sagte Großvater immer, die

Nachbarskatze hätte die Milch getrunken, bis an einem Herbstabend, lange nach Einbruch der Dämmerung, ein lautes Kratzen an der Küchentür zu hören war. Als Großvater die Tür öffnete, sah er Hannibal, der plattfüßig davonlief. Unten an der Tür waren lange, tiefe Kratzer zu sehen, die sichtlich von Hannibals Stacheln stammten.
Ominée hatte vergessen, die Milch hinauszustellen, und Hannibal machte sie auf seine Art darauf aufmerksam.
Großvater hat seither nie wieder die Nachbarskatze erwähnt.

Schneiden mit Schwung

Wind ist aufgekommen. Man kann unmöglich sagen, woher er weht, denn er wechselt mehrmals am Tag die Richtung. Ist es vielleicht der Winter, der eine Mahnung schickt, daß die Herbststürme bald auf uns zukommen?
Aber nein, der Wind ist warm. Er trocknet den Boden aus und macht Großvater nervös, denn er schleudert die Seiten des Manuskripts in die Luft, an dem er unter dem Apfelbaum arbeitet.
Plötzlich sieht der Garten zerrauft aus: die Rosen sind fast über Nacht in die Höhe geschossen, die herrlichen Spätblüten schweben unsicher auf langen Stielen, die zu schwach sind, ihr Gewicht zu tragen, und zu nackt, um ihre letzte, trotzige Schönheit einzurahmen.
Die Geranien leuchten noch prachtvoll in ihren großen Tontöpfen, die Ominée immer wieder umstellt, hier in eine dunkle Ecke, da auf eine Treppe, wo immer helle Farben am Platz sind. Ihre Blätter bekommen aber schon braune Ränder, sie nehmen langsam das Aussehen von so vielen Dingen – und Menschen! – an, die den Abgang zum Winter angetreten haben: noch lebendig, aber abgemagert. Der Wind zaust die Äste des Lindenbaums, der vor der Küche steht. Die Samen schweben im

Wirbelflug wie winzige Helikopter herunter. Im Obstgarten fällt hie und da ein Blatt zu Boden.
Ominée und ich holen die Gartenschere und ein Bündel Bast. Wir kontrollieren die Himbeeren, die seit der Ernte hochgeschossen sind und jetzt vom Wind heftig gezaust werden. Ominée sagt, das tut ihnen nicht gut, denn es zerrt an den Wurzeln und schwächt dadurch die Pflanzen. Das alte Holz, das heuer Früchte getragen hat, schneiden wir radikal bis zum Boden ab, gleichzeitig entfernen wir alle neuen Triebe, die zu schwach sind, um den Winter zu überleben. An jeder Pflanze verbleiben fünf oder sechs starke Neutriebe, die wir mit Bast an die Drahtstützen binden. So kann der Wind nicht mehr roh mit ihnen umgehen.
»Wenn wir schon beim Schneiden sind«, sagt Ominée, »können wir ruhig weitermachen.« Sie sieht sich nach neuen Opfern um. Da sind zum Beispiel die schwarzen Johannisbeeren im Küchengarten. Gleich darauf ist Ominée an der Arbeit. Sie schneidet mit einer konzentrierten Hingabe, die einem Chirurgen bei einer heiklen Operation zur Ehre gereichte.
Nicht daß das Zurückschneiden der Johannisbeeren eine besonders schwierige Aufgabe wäre, sie muß nur, wie die meisten Aufgaben, mit Methode erledigt werden. Der Zweck des Zurückschneidens, sagt Ominée, besteht erstens darin, daß man das alte Holz entfernt, das schon Früchte getragen hat und jetzt den Busch nur belastet und den Wuchs hindert; zweitens gibt man dem Busch durch das Schneiden mehr Luft und Sonne für das Treiben im nächsten Frühling.
Also schnippen wir los: zuerst die schwachen Triebe und solche, die in der Buschmitte kreuz und quer gewachsen sind; dann wird das alte Holz, das gar keine neuen Triebe trägt, bis zum Boden entfernt; und am Schluß schneiden wir, wenn altes Holz doch ein paar neue Triebe hat, bis zum ersten Trieb ab.
Jetzt sind wir richtig in Schwung! Als nächstes werden alle Stauden, das sind die mehrjährigen Blumen, kontrolliert: wenn sie abgeblüht sind, schneiden wir bis zu einer Handbreite über dem Boden ab, so werden sie vor Jahresende vielleicht noch einmal blühen. Sagt Ominée.

Und dann die Hecke. Die große Baumschere über die Schulter, schreitet Ominée zielbewußt auf die Hecke zu, an Großvater vorbei, der unter dem Apfelbaum sitzt und, ohne aufzuschauen, etwas vor sich hin murmelt.

»Was hast du gesagt?« fragt Ominée mißtrauisch.

»Ich sagte: ›Wir hoffen immer, und in allen Dingen ist besser hoffen als verzweifeln.‹ Goethe.«

Ominée antwortet nicht, geht aber weiter auf die Hecke zu. Erinnerst du dich an die Hecke? An die Sorgen, die wir mit ihr hatten? An die Zahnlose? Nun, den ganzen Sommer über haben wir sorgfältig vermieden, über die Hecke zu reden. Ominée hat es virtuos verstanden, die Aufmerksamkeit der Besucher auf andere, ersprießlichere Dinge zu lenken. Jedesmal, wenn unsere Wege uns an der Hecke vorbeiführten, wandten wir den Blick ab.

Jetzt aber ist die Stunde der Wahrheit gekommen. Die Schere in der Hand, geht Ominée hin, und siehe da, die Hecke sieht aus wie eine Hecke. Gewiß, es gibt immer noch Lücken. Sie sind aber ehrenvolle Lücken, Lücken, wie man sie in einem Regiment findet, das siegreich aus der Schlacht heimkehrt.

»Mit denen werden wir schon fertig«, sagt Ominée energisch. »Noch ein Halbdutzend Stöcke, und alles ist in Ordnung.«

Irre ich mich, oder hörte ich Großvater stöhnen?

Einzug und Abreise

Es ist vier Uhr früh. Die Sonne scheint schon in mein Fenster, aber die Nacht ist kühl gewesen. Ich habe die Daunendecke hoch über die Ohren gezogen. Ein Kratzen dringt in meine Träume, so laut und eindringlich, daß ich endlich hellwach werde. Ich richte mich auf. Der Lärm ist jetzt so laut, daß ich das Kissen hebe und Nachschau halte. Nichts. Dann hänge ich kopfüber aus dem Bett und blicke darunter. Auch nichts. Zuletzt, durch intensives Lauschen, kann ich feststellen, daß das Kratzen aus der Ecke unter dem Fenster kommt. Und jetzt weiß ich auch, was los ist.
Die Mäuse halten Einzug.
Bei der ersten scharfen Tagesluft und der ersten kühlen Nacht kommen sie aus allen Ecken des Gartens gehuscht und halten ihre Herbstversammlung. Die Sommernachrichten werden ausgetauscht, neue Kinder bewundert, der Tagesklatsch in rosafarbene Ohren geflüstert, und ein letzter vernichtender Angriff auf das Salatbeet unternommen. Dann beginnt das große Bohren und Unterhöhlen.
Auf der Suche nach der Wärme des Hauses nützen die Mäuse jedes Loch und jeden Riß; und wo es weder das eine noch das andere gibt, helfen sie nach. Unzählige Öffnungen werden durch die Außenmauer gebohrt. Scharen von Mäusen drängen herein und laufen unter den Böden und hinter den Wandleisten herum. Das Hauptziel ist, wie könnte es anders sein, die Küche.
Solange die Mäuse hinter den Wänden oder unter dem Boden bleiben, werden sie von uns geduldet. Sobald jedoch ein Loch in einer Leiste erscheint, und ein kleiner Haufen Späne daneben, oder einer der Zuckersäcke leck wird, schrumpft Ominées Mitgefühl für unsere lieben Mitbewohner, wie Großvater sie nennt, und sie trifft Gegenmaßnahmen. Diese bestehen – leider, muß man sagen – aus Fallen, die auf strategischen Plätzen aufgestellt werden. Nicht, daß Ominée das selbst macht, sie über-

läßt es vielmehr unserem guten Geist Gina, die die Fallen selbstverständlich leert, wenn Ominée nicht in der Nähe ist. Großvater ärgert sich, er sagt, entweder sind die Mäuse liebe Mitbewohner, oder sie sind es nicht. Worauf Ominée standhaft erwidert, sie seien lieb, solange sie nicht über ihre Vorräte herfallen.

Nach einer Weile kommen die Mäuse nicht mehr ins Haus. Es spricht sich herum, daß bei uns die Lebensmittel gut gehütet werden. Man läßt uns also in Ruhe und wendet sich vielversprechenderen Jagdrevieren zu; und bis zum nächsten Herbst wird eine neue Generation Mäuse aufgewachsen sein, die von Mäusefallen nicht einmal gehört hat.

Um diese Zeit tauchen die ersten großen Flüge Dohlen am Himmel auf. Man hört ihr melancholisches Krächzen schon von weit her. Wenn sie in ihren schönen schwarzen Gehröcken, die in der Sonne glänzen, auf Herrn Schöns Feld landen, o-beinig darauf herumstelzen, mit den Riesenschnäbeln auf der Suche nach Mäusen in die Erde hacken (vielleicht ist das mit ein Grund, warum die Mäuse zu dieser Zeit ins Haus kommen?) und ununterbrochen laut krächzen – dann glaubt man, einen Betriebsausflug der Leichenbestatter vor sich zu haben. Nur glaube ich, daß die Geschichten, die sie sich erzählen, sehr gewagt sind und gar nichts mit Leichenbegängnissen zu tun haben.

Wesentlich feiner sind dagegen die Schwalben. Jetzt, da sie den Zug nach Süden antreten, sammeln sie sich auf den Telegraphendrähten am Wegrand, setzen sich schön ordentlich in eine Reihe, machen höflich Platz für Neuankömmlinge und klatschen unaufhörlich miteinander, bis alle da sind. Dieses Klatschen hat aber keine Ähnlichkeit mit dem durchdringenden Geschwätz der Stare oder den nüchternen Geschäftsgesprächen der Wacholderdrosseln: es ist eher ein diskretes Zwitschern, man möchte glauben, daß sie Familiennachrichten austauschen, oder daß sie sich über die neueste Wohltätigkeitsveranstaltung unterhalten. Jede neue Ankunft sorgt für Aufregung und für eine Neuordnung auf dem Telegraphendraht. Wenn die Stunde des Abflugs gekommen ist und sie alle zusammen aufsteigen und sich nach Süden wenden, dann geschieht das mit Grazie und

ohne Aufheben, wie es sich für die Mitglieder dieser liebenswürdigen, wohlerzogenen Familie gehört.
Der Freund, den ich am wenigsten gern wegziehen sehe, ist der Pirol. Nicht, daß ich ihn wirklich sehe – er geht, wie er kam und wie er lebte: verstohlen. Eines Tages höre ich sein flötendes Pfeifen – nicht so häufig jetzt, und weniger eindringlich –, am nächsten Tag ist Schweigen: er ist in wärmere Gegenden gezogen, wo sein buntes Kleid nicht so auffällt. Wird er deswegen weniger scheu sein? Werden ihn die Kinder im Süden öfter vorbeiflitzen sehen, werden sie mehr Zeit haben, seine wunderschönen goldenen Federn zu bewundern?
Von allen Vögeln im Garten ist es der Pirol, der am nachdrücklichsten die Jahreszeiten aufzeichnet. Kommt er zu Pfingsten, so läuft uns schon der Frühling über den Hügeln entgegen; hört man seine Flötentöne vom Obstgarten her klingen, liegt der Sommer auf dem Rücken und betrachtet das Spiel der Sonnenstrahlen in den Blättern des Maulbeerbaums; und wenn er wegzieht, schreitet der Herbst über die abgeernteten Äcker, auf jedem Arm einen vollen Korb.

Die Blumenschau

»Kommst du, Schatz?« In Großvaters Stimme ist eine gewisse Schärfe zu hören, die eine unterdrückte, aber steigende Ungeduld verrät.
»Komm schon!« klingt es dumpf aus dem Kleiderschrank im Schlafzimmer.
»Ich weiß nicht, was mit Ominée los ist«, sagt Großvater gereizt, »es gelingt uns nie, rechtzeitig wegzukommen.«
Ich versuche nicht einmal, zu antworten. Die Erfahrung hat mich eines gelehrt: was immer ich sage, es ist garantiert falsch. Also ist es besser, gar nichts zu sagen.

Großvater beginnt vor dem Haus auf und ab zu gehen.
Endlich kommt Ominée heraus: Sommerkleid, großer Strohhut, mit einer Unmenge Blumen geschmückt (Großvater nennt ihn die Blumenrabatte), weiße Handschuhe – ganz auf Blumenschau eingestellt.
»Wo, zum Kuckuck, bist du gewesen?« fragt Großvater.
»Ich habe nur nachgesehen«, sagt Ominée gleichmütig. »Wenn ich nicht nachsehe, vergesse ich garantiert etwas.«
»Und du hast nichts vergessen?«
»Garantiert nichts, Schatz«, sagt Ominée und steigt in den Wagen.
Großvater macht den Mund auf, um etwas zu sagen, macht ihn wieder zu und dreht den Startschlüssel.
»Wart' einen Moment«, sagt Ominée und steigt wieder aus dem Wagen.
»Ich hab's gewußt«, seufzt Großvater.
»Bin gleich zurück«, sagt Ominée. »Ich habe nur mein Notizbuch vergessen.«
Schweigen. Wir warten. Gleich darauf kehrt Ominée zurück und steigt wieder in den Wagen.
»Hast du jetzt alles?« fragt Großvater.
»Garantiert alles!« sagt Ominée fröhlich.
Großvater biegt um das Nachbarhaus, fährt zum Bach hinunter und am Bach entlang bis zu den beiden Brücken. Bei der zweiten Brücke, wo der Weg in die Hauptstraße einmündet, hält Ominée plötzlich den Atem an und legt die Hand auf den Mund. Großvater steigt jäh auf die Bremse, so daß wir alle fast von unseren Sitzen geschleudert werden.
»Was ist jetzt los?«
»Ich weiß nicht, ob ich das Backrohr abgedreht habe«, sagt Ominée.
Wortlos, aber mit einem tiefen, tiefen Seufzer wendet Großvater und fährt zum Haus zurück.
Ominée, das muß der Gerechtigkeit halber gesagt werden, bleibt wirklich nur ein paar Minuten weg.
»Hattest du es abgedreht?« fragt Großvater.
»Ja«, sagt Ominée.

Einen Augenblick lang sieht es so aus, als ob Großvater platzen würde.
»Man kann nie wissen«, schließt Ominée das Thema ab.
Wir fahren durch das Land, hinunter zum großen Strom, über die Brücke und in die Stadt. Wir finden gerade beim Eingang zur Blumenschau einen Platz zum Parken und steigen aus. Sofort wird die Blumenrabatte vom Wind erfaßt und treibt fröhlich über die Wiese davon. Ein galanter Herr läuft ihr nach und hält sie auf, indem er den Fuß auf sie setzt. Als er sie Ominée mit einer höflichen Verbeugung zurückerstattet, sieht die Blumenrabatte etwas – also sagen wir, etwas unordentlich aus. So wie im Herbst.
»Genau wie unser Garten«, versucht Großvater auf rührende, aber nicht gerade taktvolle Weise Ominée zu trösten.
»Macht nichts«, sagt sie tapfer, »wenn ich die toten Blumen abschneide, kommen vielleicht neue Triebe, ha-ha!« Damit ist die Sache erledigt.
Wir treten in die große Halle. Feuchtwarme Luft schlägt uns entgegen, erfüllt vom scharfen Duft der Chrysanthemen. Auf langen Tischen stehen riesengroße Gestecke mit allen Arten von Spätsommer- und Herbstblumen: Dahlien, groß wie Suppenteller, Astern wie Fußbälle, Chrysanthemen wie zottige Schäferhunde und Sonnenblumen mit einem Durchmesser von fünfundzwanzig Zentimeter entfalten ihre makellose Pracht vor einem Hintergrund von Rotbuchenzweigen, dunklem Schilf und silbrigen Gräsern. Es gibt keine Blume, die nicht mindestens zweimal so groß ist wie die unseren. Wasser tropft sanft von ihren Gesichtern, sie sehen aus wie übergewichtige Primadonnen, die an einem erfolgreichen Opernabend in der Hitze des Rampenlichts schwitzen.
»Scheußlich!« sagt Großvater laut und deutlich.
»Sch!« macht Ominée.
»Warum nicht gleich Plastikblumen?« fährt Großvater unverzagt fort.
»Sie sind alle preisgekrönt«, sagt Ominée besänftigend.
»Mag sein«, schnauft Großvater, »aber möchtest du eine einzige dieser Blumen in unserem Garten haben? Wie Kohl auf Stielen!« Und er stapft mürrisch davon.
Ominée und ich gehen langsam die Tische entlang. Allmählich verwandelt

sich Ominée: bald ist sie nicht mehr von den Hunderten anderen Damen mit Blumenhüten zu unterscheiden, die durch die große Halle gehen, stehenbleiben, um in stiller Andacht dieses oder jenes Gesteck zu bewundern, sich niederbeugen, um eine Bezeichnung zu lesen, sich über eine seltene Blume freuen, eifrig Notizen machen, und ebenso eifrig in Katalogen blättern. Alle sind selig: unter den großen Hüten glühen ihre Gesichter, als ob sie eine strahlende Vision erblicken würden. Der Welt völlig entrückt, murmeln sie leise vor sich hin, so wie eine Kirchengemeinde Gebete murmelt: in dem schweren Blumenduft und dem Halblicht der großen Halle könnte man sich in einer Kathedrale bei der Abendmesse wähnen.

Die Stille wird von schweren Schritten unterbrochen. Großvater drängt sich durch die Menge und kommt auf uns zu, wie ein Nashorn, das durch dicken Schlamm watet. Ich sehe, wie Ominée ihn nervös aus den Augenwinkeln beobachtet. Bei uns angekommen, flüstert er so durchdringend in Ominées Ohr, daß ihn alle hören können:

»In der Halle nebenan sind viel schönere Blumen. Komm!«

Der Duft in der zweiten Halle ist ganz anders als in der ersten: herb, würzig, weniger scharf. Auch die Gestecke sind nicht so pompös, die Blumen nicht so groß, alles ist irgendwie gemütlicher. Aus einem unerklärlichen Grund wird mir fast übel vor Hunger.

Großvater zeigt auf eine große flache Schale. In der Schale sind wunderschöne federartige Blätter, deren feine Gliederung einen perfekten Hintergrund zu den langstieligen Blüten bildet, die aus der Schale ragen. Es sind runde weiße Blüten, andere sind rund und rot, noch andere haben merkwürdige Formen, und wieder andere sind sogar grün (erinnerst du dich an die grünen Rosen im Katalog?). Alle Blumen sind viel kleiner als die in der ersten Halle, ihre Farben sind auch intensiver.

»Also, meiner Meinung nach gehört der erste Preis hierher!« sagt Großvater. »Schau, wie verschieden die Blumen sind, und wie phantasievoll sie gesteckt wurden!«

»Sehr originell«, gibt Ominée zu. Sie betrachtet das Gesteck aufmerksam, dann riecht sie an einer der runden weißen Blüten.

»Die kleineren Blumen duften immer viel intensiver«, sagt Großvater. »Bei den Gemüsen ist es genauso, die kleinen schmecken besser als die großen.«

»Du hast völlig recht«, sagt Ominée, »diese hier haben einen sehr intensiven Duft.«
Sie richtet sich auf, und ich merke, daß ihre Augen boshaft glitzern:
»Es sind Zwiebeln.«
Ich nehme all meinen Mut zusammen:
»Und die roten und grünen Blumen, sind das nicht Paprikaschoten?«
»Und die schönen federartigen Blätter in der Schale, das ist Karottengrün«, sagt Ominée.
Großvater schaut sich um: »Meine Güte! Wir sind in der Gemüsehalle!«
Er bricht in herzliches Gelächter aus.
Jetzt sehen wir die wunderschönen Gestecke in einem anderen Licht, auch der würzige Geruch, den ich beim Eintreten bemerkte, ist plötzlich der Geruch von Tomaten, Kohl und Bohnen. Kein Wunder, daß ich hungrig wurde!
Die Ausstellung ist überwältigend: riesige Sträuße von Maiskolben und Lauch; Teppiche aus Tomaten, Paprika, Melanzane und Gurken; futuristischer Wandschmuck aus Fisolen und Petersilienwurzeln. Ominée läuft freudestrahlend von einem zum anderen.
»Wäre ich Jurymitglied, würde ich alle ersten Preise in dieser Halle vergeben!« sagt Großvater. »Chrysanthemen kann jeder groß herausstellen – aber um aus einem Karfiol etwas Elegantes zu machen, muß man ein Künstler sein!«
Bezaubert und angeregt verlassen wir die Halle und gehen zum Auto zurück. Während Großvater versucht, sich aus dem Parkplatz herauszumanövrieren, kommt ein Windstoß, hebt die Blumenrabatte von Ominées Kopf und schleudert sie zu Boden, wo sie prompt vom Wagen überfahren wird.
Ominée nimmt sie in die Hand. Jetzt sieht sie aus, als wäre sie durch eine Mangel gezogen worden.
»Macht nichts«, sagt Ominée philosophisch, »die Blumen werde ich nicht reparieren. Den nächsten Hut werde ich mit Gemüse garnieren.«
»Und wir werden ihn den Küchengarten nennen«, sagt Großvater.

Ein Hort der Ruhe

Die Mittelwiese war immer ein Problemkind. Großvater, der sich als Gartenarchitekt gefällt, geht der Sache aus dem Weg: Im Obstgarten machte er Ordnung und pflanzte neue Obstbäume und zwei Reihen Himbeeren; vor der Küche baute er eine hübsche Mauer den Rasen entlang und besetzte sie mit Polsterpflanzen und Blumenzwiebeln. In die obere Wiese stellte er zwölf Pappeln, von denen zwei sich weigerten, zu gedeihen, das gehört aber nicht zur Sache; den Raum zwischen den Pappeln füllte er mit Haselnußsträuchern, die jetzt ganz groß und dicht geworden sind; er pflanzte fünf Marillenbäume; und – sein Hauptwerk – er legte den Küchengarten an.

Inzwischen hatte Ominée den Hof in die Hand genommen. Sie machte Schluß mit den Buchsbaumhecken, die dem Garten das Aussehen eines Friedhofs verliehen, und pflanzte viele, viele Busch-, Kletter- und Hochstammrosen, die im Juni, wenn wir auf Urlaub sind und sie nicht sehen können, prachtvoll blühen (siehe »Keine Rosen«), das gehört aber wieder nicht zur Sache. Dann legte sie vor dem Haus einen Bauerngarten an, mit einem japanischen Kirschbaum, Malven und Rittersporn an der Hausmauer. Und vielen Sommerblumen und Stauden in der Mitte, die so ausgewählt waren, daß es zu jeder Jahreszeit von März bis Oktober blüht. Im zweiten Jahr starben die Malven, offensichtlich an Pocken, und die Dahlien zeigten sich überhaupt nicht, was zu einer leichten Panik führte, bis Ominée entdeckte, daß sie die Knollen verkehrt herum in die Erde gelegt hatte – das alles gehört aber auch nicht zur Sache.

Mitten in all diesen erfolgreichen und weniger erfolgreichen Verwandlungen blieb die Mittelwiese das, was sie immer gewesen war: flach und unfruchtbar. Großvater brauchte sie nur anzusehen, und schon verschwand seine famose Begabung für Gartenarchitektur. Er ging also, wie gesagt, der Sache aus dem Weg und hörte auf, die Mittelwiese anzusehen.

Eines Tages sagte Ominée energisch, sie weigere sich, von einer Wiese kleingekriegt zu werden. Sie ließ eine ganze Reihe Gartenbücher kommen, und nachdem sie sie den Winter über studiert hatte, nahm sie ein Blatt Papier und zeichnete einen Plan. Dann bestellte sie von der Baumschule: erstens, eine Hainbuchenhecke (erinnerst du dich an die Hecke? die zahnlose?); dann drei Spitzahorne, die sie in der hintersten Ecke der Wiese im Dreieck pflanzte (»um das Auge zu einem fixen Punkt zu lenken, wie es im Buch steht«). Unter den Spitzahornen – die, wie Ominée hofft, mit der Zeit zusammenwachsen werden (bisher gibt es keinerlei Anzeichen, das gehört aber schon wieder nicht zur Sache) – unter den Spitzahornen, wie gesagt, baute Großvater auf Ominées Bitte einen Rundplatz aus Steinplatten. Auf diesen Platz stellte er eine von ihm selbst entworfene Holzbank, und von dieser Bank aus konnte man die schöne Aussicht über die Dächer zu den beiden Kirchen bewundern.
Rund um den Sitzplatz pflanzte Ominée Hartriegelsträucher, die mit ihren zweifarbigen Blättern eine hübsche Rückwand bildeten; und vorn setzte sie zwei immergrüne Sträucher, Feuerdorn und Zwergmispel, die im Herbst prächtige rote und orangefarbene Beeren tragen.
»Der runde Platz unter den Bäumen wirkt als Brücke, er verbindet sie miteinander«, plappert Ominée munter vor sich hin, »die Bank jedoch gibt dem Ganzen eine gewisse Ruhe. Dazu kommen die zwei Büsche vorne, die ein Gefühl von Eingeschlossenheit, sozusagen von Geborgenheit geben.«
»Aus welchem Buch stammen diese Weisheiten?« fragt Großvater bösartig.
»Aus keinem Buch«, erwidert Ominée mit gekränkter Würde. »Die Bücher habe ich alle gelesen und verdaut, und jetzt tauchen meine eigenen Ideen auf.«
»Ich verstehe«, sagt Großvater. »Und was soll, nach deinen aufgetauchten Ideen, mit dem Rest der Wiese geschehen?«
»Alles zu seiner Zeit«, sagt Ominée, »hetz' mich nicht.«
So geschah es, daß im Lauf der nächsten Wochen die Mittelwiese gestaltet wurde. Großvater schnitt mit dem Wilden Pferd eine Anzahl von runden Beeten aus dem Gras, und in diese Beete setzte Ominée große Gruppen

von Ziersträuchern: Prunus, Forsythien, die im Vorfrühling blühen, Weigelie mit den lieblichen roten und rosa Blüten, Chinaschilf mit den silbrigen Federn, Mahonie, die im Herbst rot und purpurn wird, und den schlichten Ginster.

»Sie werden alle zu verschiedenen Zeiten blühen«, sagt Ominée, »so daß immer etwas da ist, das ins Auge fällt. Das Gras lassen wir ungepflegt.« (Schon höre ich Großvater vor Erleichterung aufseufzen.) »Das Ganze wird wie eine Art Naturpark aussehen. Kultiviert, aber lässig. Interessant, aber nicht zu anspruchsvoll. Mit anderen Worten, beruhigend. Der Besucher wird zwischen sorgfältig gepflanzten Sträuchern wandern, bis er instinktiv zu den drei Ahornen und zur Bank geführt wird. Es wird ein Hort der Ruhe sein. Gerade das, was wir in unserer hektischen Zeit brauchen.«

»Schau, schau!« sagte Großvater voll Bewunderung. »Du hast aber deine Hausarbeit sehr gründlich gemacht! Wer hat das geschrieben?«

Ominée beißt nicht an. Ich glaube, sie hat die Stichelei nicht einmal bemerkt, denn sie schaut nachdenklich auf die Mittelwiese.

»Es fehlt nur eines«, sagt sie nach einer Weile.

»O weh«, sagt Großvater.

»Jede Anlage gehört verbunden«, sagt Ominée. »Ein roter Faden muß her.«

»Ein roter Faden?« fragt Großvater beunruhigt.

»Ein roter Faden«, wiederholt Ominée. »In diesem Fall ein Weg. Wir brauchen einen Weg, der durch die Sträucher zur Bank führt.«

»Ich gehe ins Haus zurück«, sagt Großvater, »ich hab' zu tun.«

Umsonst. Zehn Minuten später hat Ominée den Weg ausgesteckt. Großvater holt den Benzinkanister aus dem Wagen und schüttet Benzin auf das Gras zwischen den Stöcken, die den Weg markieren.

»Ist das nicht ein bißchen gefährlich?« fragt Ominée. »Kannst du nicht das Gras einfach aufpflügen?«

»Das Brennen ist der einzige Weg, Gras gründlich loszuwerden«, sagt Großvater unbekümmert, »und auch der schnellste. Wenn alles abge

brannt ist, werde ich es aufpflügen. Dann muß man Sand daraufstreuen, darüber kommt eine ziemlich feste Zementmischung, und als letztes werden die Steinplatten in den Zement eingebettet. Es ist gar nicht so schwer, man muß nur wissen, wie. Man muß, mit anderen Worten, ein Profi sein. Wie ich«, sagt er bescheiden. »Bleib weg!«
Ominée und ich laufen zum Ende der Wiese. Großvater zieht eine Schachtel Streichhölzer heraus, zündet eines an und wirft es auf den Weg, während er rasch wegspringt. Mit einem ohrenbetäubenden Getöse fängt das Gras Feuer, die Flammen laufen blitzschnell den Weg hinunter, wo Großvater das Benzin ausgeschüttet hatte. Ihre Zungen flackern nach links und rechts.
Am Ende des Weges gibt es eine ungeheure Explosion, die Flammen werden doppelt so hoch und heiß. So laut ist das Getöse, daß Herr Rakonitsch aus seiner Scheune gelaufen kommt und Herr Schön, der gerade sein Feld pflügt, den Traktor anhält.
»Alles in Ordnung!« ruft Großvater munter. »Es ist alles vorbei!«
In der Tat. Die Flammen verschwinden so schnell, wie sie hochgeschossen sind. Zurück bleibt ein Weg mit glimmendem, verbranntem Gras. Hier und da flackert noch eine kleine Flamme auf. Eine dicke Schwade blauer Rauch hängt über den Wiesen.
»Das wär's«, sagt Großvater, als Ominée und ich uns vorsichtig nähern. »Gar nicht schwer. Ein Kinderspiel. Man muß nur wissen, wie.«
»Ja, Schatz«, sagt Ominée. Dabei schaut sie auf die drei Spitzahorne und die Bank und die zwei immergrünen Sträucher.
Oder besser gesagt, auf die verkohlten Reste der Bank, auf die zwei Haufen Asche, die einst die immergrünen Sträucher waren, und auf den schwarzgebrannten Stamm des mittleren Ahorns. Inmitten des runden Sitzplatzes liegt die verkrümmte Leiche des Benzinkanisters, den Großvater in einer Minute der Zerstreutheit dort deponiert hatte.
»Ein Hort der Ruhe«, sagt Ominée.

Abschiednehmen

Der Sommerflieder steht in voller Blüte. Die warme Septembersonne holt die letzten, die obersten Sterne auf seinen wohlriechenden Dolden heraus, während die untersten schon braun werden und abfallen. Es gibt keinen anderen Strauch im Garten, der so üppig und so lange blüht wie der Sommerflieder: seine schönen dunkelroten, weißen und lila Rispen erfreuen uns von Juli bis September. Schmetterlingsstrauch wird er auch genannt, und das bedarf wirklich keiner Erklärung: heute sind die Rispen dicht bevölkert, manche sogar niedergedrückt von einer Vielzahl von Schmetterlingen, die diesen letzten nektartragenden Blüten einen Besuch abstatten. Ihre Flügel beben verzückt, ihre Rüssel tauchen tief in die Blüten – es ist, als wüßten sie, daß die Sonnentage gezählt sind und dieses letzte Fest ein königliches sein muß.

»Servus!« höre ich plötzlich jemanden sagen. »Wie war der Sommer?«

»Gut«, erwidere ich, und dann stockt mir der Atem. Auf einer weißen Dolde, die sich in Höhe meiner Wange wiegt, sitzt ein prachtvoller Segelfalter und winkt freundlich mit den Fühlern.

»Erinnerst du dich noch an mich?« fragt der Segelfalter. »Wir haben uns im April das letzte Mal gesehen.«

»Und ob ich mich an dich erinnere!« sage ich. »Ich werde nie vergessen, wie du dir an dem Musselin am Fenster die Flügel getrocknet hast und dann durch die Küchentür davongeflogen bist.«

»Und dann bist du mir nachgelaufen und hast mich im Marillenbaum gefunden.«

»Was hast du denn die ganze Zeit über gemacht?« frage ich und weiß sofort, daß das eine blöde Frage ist.

»Genau das, was ich im Marillenbaum getan habe und was ich auch jetzt tue: Nektar saugen und gleichzeitig Blütenstaub verbreiten. Wie die Bienen. Nur sind die Bienen viel fleißiger als wir, die haben nichts anderes

im Kopf und hören einfach nie auf. Ziemlich langweilig, wenn du mich fragst. Wir hingegen machen ab und zu Pause, segeln ziellos umher und freuen uns des Lebens. Das ist doch viel lustiger!«
»Wo wirst du den Winter verbringen?« frage ich.
»Nirgendwo«, sagt der Segelfalter. »Ich werde den Winter nicht überleben. Ein paar meiner Freunde, die jünger sind als ich, werden lang schlafen und im Frühling aufwachen, aber meine Zeit ist um.«
Plötzlich wird mir sehr traurig zumute.
»Du bist so schön«, sage ich, »kannst du nicht noch eine Weile bleiben? Warum mußt du sterben? Es ist so schade um dich!«
»Um nichts ist schade«, antwortet der Segelfalter. »Wir haben alle eine Aufgabe, und wenn sie erledigt ist, müssen wir gehen. Sei nicht traurig. Nächsten Frühling wird es andere Schmetterlinge geben, die dir Freude machen.«
Er winkt noch einmal freundlich mit den Fühlern und segelt durch die Obstbäume davon. Ich sehe ihm nach, bis er in der goldenen Herbstluft verschwindet.
Die Efeuwand im Hof ist vom Summen der Bienen erfüllt. Erinnerst du dich an die Bienen im Mai, daran, daß die Wand wie eine mächtige Orgel geklungen hat? Jetzt, zur zweiten Blüte, sind sie wieder da. Den ganzen Frühling und Sommer lang haben sie den Nektar von den Obstbäumen und den Blumen geholt. Nun kehren sie an den Platz ihrer ersten Ernte zurück, um noch eine letzte Ladung in die Bienenstöcke einzuholen. Kein Wunder, daß man von Bienenfleiß spricht: der Segelfalter mag sich noch so sehr über ihre Ausdauer lustig machen, ich kann sie nur bewundern, wie sie vier, fünf Monate lang ohne Unterbrechung arbeiten. Jetzt aber sieht man ihnen an, daß sie müde sind: ihr Flug ist langsamer und schwerer geworden, die Orgeltöne tiefer, als würden die Flügel, von den vielen Ausflügen müde, langsamer schlagen. Am Fuß der Mauer liegen viele Tote, die nicht mehr die Kraft hatten, die letzte Ernte heimzubringen. Sie liegen auf dem Rücken, ihre gespreizten Beinchen schwer von Blütenstaub.

Eine Biene landet auf meinem Ärmel.

»Sei nicht traurig«, sagt sie, »nächsten Mai wird die Orgel wieder dröhnen! Und wenn du sie hörst, wird dein Herz genauso weit werden wie in diesem Jahr. Eine Tür geht zu, und die andere geht auf.«
Schwerfällig hebt sie sich in die Luft, kreist über meinem Kopf und schließt sich ihren Kolleginnen an, die sich in der warmen Septembersonne das Herz aus dem Leib summen.

Ordnungmachen

»Schatz«, sagt Ominée eines Morgens beim Frühstück.
»O weh«, seufzt Großvater.
»Warum o weh?« fragt Ominée.
»Wenn du ›Schatz‹ sagst, bedeutet das entweder, daß du Arbeit für mich hast oder daß du Geld brauchst.«
Ominée lacht. »Erraten!«
»Also welches von beiden ist es?« fragt Großvater geduldig.
»Arbeit. Der Küchengarten ist ein Graus. Die Tomaten reifen gerade an, aber wer weiß, wie lang noch, die Sonne ist nicht mehr sehr warm. Die Johannisbeeren habe ich schon für den Winter zurückgeschnitten, aber mit den Sonnenblumen müssen wir aufräumen, sie sind alle umgeknickt und sehen fürchterlich aus. Und die Karotten müssen wir endlich auflesen und in den Keller bringen.«
»Ja, Liebling«, sagt Großvater.
Ominée fährt munter fort:
»Auch die Süßmais-Stauden werden wir wegschaffen müssen. Ich glaube nicht, daß wir nächstes Jahr neue pflanzen werden, was meinst du?«
»Gewiß nicht, Liebling.«
»Noch etwas. Die Reste der Erbsen und Bohnen sollten in die Erde zurückgepflügt werden, sie sind voller Stickstoff und tun dem Boden gut.«

»Ja, Liebling.«
»Eigentlich sollten wir mehr Johannisbeeren haben, sie gedeihen gut bei uns und geben einen herrlichen Saft und gute Marmeladen. Einverstanden?«
»Durchaus, Liebling.«
»Also gut!« sagt Ominée energisch. »Fangen wir gleich an.«
Ein Blick auf den Küchengarten bestätigt unseren Verdacht: er ist, wie Ominée sagte, ein Graus. Das Unkraut ist auf unerklärliche Weise innerhalb der letzten acht Tage in die Höhe geschossen, jetzt reicht es uns bis an die Taille und erstickt alles.
Als erstes ziehen wir die Sonnenblumen und die Mais- und Bohnenstauden heraus, dann schneiden wir die Sonnenblumen ab und hängen sie zusammengebunden in die Werkstatt, wo sie trocknen und ihre Samen zur winterlichen Vogelfütterung freigeben werden.
Als nächstes ziehen wir alle Karotten heraus, die noch im Boden stecken, reißen das Grün ab und bringen sie in den Keller. Dort legen wir sie schichtweise – die Karotten dürfen sich nicht berühren, sonst verfaulen sie – in eine mit Sand gefüllte Obstkiste. Auf diese Weise bleiben sie den ganzen Winter frisch.
Jetzt macht sich Großvater mit dem Wilden Pferd an die Arbeit. Es wird ihm aber bald klar, daß diese Arbeit sehr hart sein wird: Das Unkraut ist sehr hoch, außerdem verwickeln sich die Bohnen- und Maisstauden, die wir herausgezogen hatten, in die Messer des Wilden Pferdes. Großvaters Kraftausdrücke werden dementsprechend pfeffrig. Ich ertappe ihn bei dem Versuch, eine Tomatenpflanze, die das Wilde Pferd zermalmt hatte, wieder zusammenzuflicken. Glücklicherweise schaut Ominée in die andere Richtung, und Großvater weiß, daß ich ihn nicht verraten werde.
Nach einer Stunde Arbeit ist der ganze Küchengarten umgepflügt, es stehen nur noch die Johannisbeeren und die Tomaten. Weit und breit ist kein Stämmchen Unkraut zu sehen. Jetzt heißt es, Kompost zu streuen.
Erinnerst du dich an den Komposthaufen, auf dem meine Freundin, die Schnecke, an einem Regentag im Mai fröhliche Stunden verbrachte? Nun,

der Kompost ist eines von Ominées Steckenpferden. Eines Tages fragte ein Gast unvorsichtig, ob er im Garten helfen könne. Darauf gab ihm Ominée einen Spaten in die Hand, und schon mußte er zwei tiefe Löcher am Ende des Pfades graben, der von der Küche wegführt. Die beiden Löcher wurden jedes ungefähr einen Meter tief und einen Meter breit. Ominée begann sofort, das erste Loch mit dem Küchen- und Gartenabfall zu füllen, den sie nicht zum Mulchen braucht (Mulchen: siehe »Vater Winter kommt zurück«). Ab und zu streute sie etwas Erde auf den Abfall, der weich sein muß, nicht holzig, sonst verrottet er nicht. Als das Loch voll war, nahm sie eine Heugabel und stach den ganzen Haufen in das zweite Loch um, so daß die obere Schicht jetzt unten und die untere oben war.
Nach zwei, drei Monaten ist alles verrottet. Es bleibt eine dunkle, krümelige, wohlriechende Erde, und das ist Ominées Kompost, den sie im Herbst und Frühling zur Verbesserung des Bodens auf den Garten streut. Sobald sie den Inhalt von Loch Nr. 1 in Loch Nr. 2 befördert hat, fängt sie wieder an, Loch Nr. 1 zu füllen. So geht's das ganze Jahr hindurch, und frischer Kompost ist immer vorhanden.
Also füllen wir die Schubkarre mit Kompost, den wir im Küchengarten ausstreuen, dann kommt eine zweite und eine dritte Schubkarre, bis der ganze Küchengarten bestreut ist. Anschließend holen wir die Asche aus dem Kamin und von dem Platz, wo wir tote Zweige, Laub usw. verbrennen, und streuen sie ebenfalls auf den Küchengarten (die Asche darf nur von Holz oder Laub sein, nie von Papier). Als letztes pflügt Großvater das Ganze wieder mit dem Wilden Pferd um.
Jetzt werden die großen Schollen dem Winterwind und der Kälte ausgesetzt, die eine feine, krümelige Erde daraus machen werden.
Auf daß wir im Frühling mit der Aussaat beginnen können.

Winterfinger

Großvater und ich haben uns gerade zum Frühstück gesetzt, als Ominée von draußen in die Küche kommt. Auf den ersten Blick sehen wir, daß etwas nicht stimmt.
»Was ist los?« fragt Großvater.
»Wir haben Besuch gehabt«, sagt Ominée. »Zu früh.«
»Wenn du das Eichhörnchen meinst«, sagt Großvater, »das war schon vorige Woche hier und hat Nüsse gesucht.«
»Der Hase kann es nicht sein«, sage ich. »Es ist noch so viel Futter da, er kann doch nicht schon jetzt anfangen, die Obstbäume anzuknabbern.«
Ominée setzt sich langsam und gießt sich eine Tasse Kaffee ein.
»Es ist der Winter«, sagt sie. »Der wilde Wein ist braun verbrannt, die Dahlien sind schwarz, und alle Tomaten sind kaputt.«
»Wie im Mai«, sagt Großvater. »Kannst du dich erinnern, es war ein ganz später Frost.«
Ominée nickt wortlos.
»Ich hab' den Winter gern«, sagt Großvater, »aber es wäre mir lieber, wenn e r uns nicht so gern hätte. Er besucht uns zu oft. Er hätte frühestens im November kommen sollen.«
Ominée tut mir leid. Der Herbst, ihre Lieblingsjahreszeit, hat sie diesmal kläglich im Stich gelassen.
Sie faßt sich aber schnell.
»Kann man nichts machen«, sagt sie resolut. »Wir werden eben einen Monat früher mit den Wintervorbereitungen anfangen müssen.«
Als erstes müssen wir den wilden Wein mulchen, damit der nächste Frost nicht an die Wurzeln kann. Zum Glück gibt es Zwetschken, aus denen Ominée gerade Saft gemacht hatte. Sie sind noch ganz warm und bilden, um den wilden Wein gelegt, eine herrliche Steppdecke.
Der Küchengarten bietet einen traurigen Anblick. Alle zwanzig Tomaten-

pflanzen sind kohlrabenschwarz und hängen kraftlos von den Stöcken. Ein paar der Früchte sind noch oben, der Großteil aber – eine Unzahl – liegt auf dem Boden.
»Zwanzig Kilo grüne Tomaten«, sagt Ominée verbittert.
Wir legen sie in Körbe und tragen sie in die Küche, wo wir sie, in der verzweifelten Hoffnung, daß sie in der Sonne doch noch ausreifen, auf das Fensterbrett legen.
Der Bauerngarten bietet einen noch deprimierenderen Anblick. Ominée hatte die Dahlien heuer später als sonst gepflanzt, es sind nur die ersten Knospen zu sehen. Auch sie samt und sonders kohlrabenschwarz. Als ob der Winter die Reihen entlanggegangen wäre und sie mit einem Streichholz angezündet hätte. Verdrossen heben wir sie mit einer Gabel aus der Erde, schneiden das verbrannte Laub ab und legen die Knollen zum Überwintern in den Keller.
»Geschieht mir recht«, sagt Ominée. »Nächstes Jahr werde ich sie früher pflanzen, damit wir wenigstens ein paar Blumen vor dem Frost haben.«
Ehe wir den Bauerngarten verlassen, wirft Ominée einen letzten Blick rundum. Es ist zu traurig. Alles läßt den Kopf hängen: die Delphinien sind schwarz, auch die neuen Lupinien; sogar die Rosenblätter haben braune Ränder. Arme Ominée! Ich sehe, wie sie die Gabel schultert und sich umdreht, um ins Haus zu gehen, sehe die Enttäuschung in ihren Augen.
Ich glaube, ich werde dem Winter einen Schimpfbrief schreiben.
Auf dem Weg zum Haus zurück hält Ominée vor dem Fliederbusch.
»Schau!« sagt sie. Plötzlich leuchten ihre Augen auf und sie lächelt ganz breit, von einem Ohr zum andern.
Der Fliederbusch ist voll der dicksten, saftigsten, grünsten Knospen, die du je gesehen hast.
»Nur nicht den Mut verlieren!« sagt Ominée und geht entschlossen ins Haus.

Ominée und die Wespen oder Schwarze Magie

Das Marmeladekochen ist in vollem Gang. Zwetschken, was sonst? Meine Aufgabe ist es, die Zwetschken zu entkernen, dann beobachte ich Ominée, wie sie die große Pfanne ausspült, die Früchte hineingibt, Zucker und Gelierpulver dazu, und mit einem großen Holzlöffel zu rühren beginnt. Bald fangen die Zwetschken an, Saft abzugeben, dann schmilzt der Zucker im Saft, und – o Wonne! – von der Pfanne steigen Dunstwolken auf. Ich falle beinahe in Ohnmacht, so berauschend ist der Duft.

Das ist doch das süßeste von allen Parfüms: so süß, daß man, würde man etwas von dem Dunst einfangen, ihn beinahe auf ein Butterbrot streichen und zur Jause essen könnte. Nicht auszudenken, wieviel Geld man da sparen könnte!

Ich bin überzeugt, daß der Nektar, den die Götter der Antike in so großen Mengen getrunken haben, nichts anderes war als Zwetschkensaft. Sie waren bloß Snobs und haben es nicht zugegeben.

Leider finden auch andere den Geruch genauso verlockend wie ich. Ich meine die Wespen. Während wir friedlich beim Herd stehen, hören wir plötzlich ein zorniges Summen: eine Schwadron Wespen fliegt in geschlossener Formation zum Fenster herein, vollführt eine scharfe Wendung und kommt im Sturzflug auf uns zu. Bald sind sie unter meinem Kragen, sie fangen sich in Ominées Haaren, sie landen in der brodelnden Marmelade und finden nicht mehr heraus, sie kriechen über den ganzen Herd. Sogar Ominée gerät in Panik und schlägt mit dem Holzlöffel um sich. Da sie aber knapp vorher mit dem Löffel in der Pfanne gerührt hat, verspritzt sie überall herum heiße Marmelade, auch über mich. Die Wespen werden wütend über den Widerstand und fangen an zu stechen.

Gott sei Dank erscheint Großvater gerade auf dem Höhepunkt der Schlacht. Er holt schnell das Insektenspray und füllt mit ein paar meisterhaften Handbewegungen die Küche mit penetranten Wolken von Insektizid, die sich mit dem Zwetschkenduft mischen, so daß ein übelriechender Nebel entsteht, ähnlich dem Dunst des flüssigen Düngers, den Herr Schön zu dieser Jahreszeit auf seine Felder verteilt.
Das halbe Dutzend Wespen, das Großvaters Angriff überlebt, zieht sich zurück und verschwindet durch das Fenster, sicherlich in der Absicht, zum Hauptquartier zu fliegen und dort »Aktion erfolgreich abgeschlossen« zu melden.
Ominée und ich, die Gesichter und Hände voll Stiche und Verbrennungen, laufen ins Badezimmer und stecken die Köpfe unter die kalte Dusche. Das lindert den Schmerz, aber nur für kurze Zeit. Sehr bald sitzen wir beide vor dem Kamin, und Großvater legt Umschläge auf die empfindlichen Stellen.
»Ich verfteh ef nicht«, lispelt Ominée, deren Zunge durch einen Stich angeschwollen ist, »ich dachte, ich hätte all die graufigen Wefpen getötet. Erinnert ihr euch nicht, im Auguft habe ich das Neft aufgebrannt.«
Als ob wir das je vergessen würden: Habe ich dir nie erzählt, wie Ominée die Wespen ausrottete?
Es war ein schwüler Augusttag. Die Wespen hatten uns den ganzen Tag belästigt, denn wir waren dabei, die allerersten Birnen zu ernten. In der Küche standen Körbe voll Obst herum, und das ist für jede Wespe, die auf sich hält, eine Herausforderung. Noch dazu hatte sich Ominée in den Kopf gesetzt, an diesem Tag Marmelade zu kochen; der honigsüße Dunst, der von der Küche kam, mischte sich mit der schwülen Gewitterluft, und bald kamen die Wespen. Sie kamen in Wellen, sie kamen zu Tausenden.
Großvater schlug mit einer Fliegenklappe wild um sich. »Ich glaube«, sagte er, »daß es irgendwo ein Reisebüro für Wespen gibt, das Ausflüge organisiert. ›Marmeladekosten!! Rundflug Pulkau und zurück in einem Tag!! Sonderpreise für Familien!!‹«
Im nächsten Augenblick schrie Ominée nervös auf und ließ beinahe ein frischgefülltes Glas Marmelade fallen.

»Sechs Wespen im Glas! Jetzt langt's mir!«
Sie stellte das Glas auf den Tisch, legte den Holzlöffel, mit dem sie die Marmelade eingefüllt hatte, daneben, nahm ihre Schürze ab und verließ die Küche.
»Wohin gehst du?« fragte Großvater.
»Ich werde sie ausrotten«, sagte Ominée, schon auf dem Weg zu ihrem Schlafzimmer. »Ich weiß, wo das Nest ist.«
Fünf Minuten später blicken wir fassungslos einer Erscheinung nach, die lebhaft durch die Küche schreitet und hinaus in den Garten entschwindet. Ominée trägt Gummistiefel, Großvaters Regenmantel, der ihr bis zu den Knöcheln reicht, einen Rollkragenpulli, ein Kopftuch, das sie unter dem Kinn gebunden hat, und, über den Kopf gezogen, ein rosafarbenes elastisches Mieder, das als Schutzmaske dient. Die Strumpfhalter schließen das Ganze oben ab und wackeln mit jedem Schritt. In der einen Hand trägt Ominée eine Stange, an deren Spitze sie einen Lappen gebunden hat, in der anderen eine Benzinkanne. Sie sieht aus wie eine Mischung zwischen einem mittelalterlichen Ritter und einer Vogelscheuche.
In völligem Schweigen, von Großvater und mir in respektvoller Entfernung gefolgt, schreitet sie den Weg hinauf, der zur oberen Wiese führt, und zeigt auf eine grasige Böschung.
»Da!« spricht sie durch die Maschen des Mieders, »da sind sie. Ich werde ihnen das Spiel verderben!«
Der Ort stimmt. Es ist ein ziemlich großes Loch im Hang, durch das die Wespen pausenlos ein und aus fliegen. Ominée öffnet die Kanne und gießt Benzin auf den Lappen am Ende ihrer Stange. Dann geht sie zum Loch (Großvater und ich ziehen uns vorsichtig zurück), und schiebt den Lappen schnell in das Loch hinein. Zornige Wespen attackieren sie, aber sie läßt sich nicht abhalten. Als nächstes zündet sie ein Streichholz an und wirft es in das Loch.
Eine riesige Flamme steigt hoch, lodert eine Sekunde und verschwindet dann auf den Spuren des Lappens im Loch. Großvater und ich, Feiglinge die wir sind, machen kehrt und fliehen.

Nach einer Weile wagen wir uns wieder den Hang hinauf; da steht Ominée an die Hausmauer gelehnt und lächelt zufrieden. Das Mieder hat sie ein wenig hochgestülpt, sie raucht eine Zigarette. Die Strumpfhalter flattern friedlich im Wind. Weit und breit keine Wespe.
»Alles vorbei!« ruft sie uns zu. »Es war ein Kinderspiel.«
Etwas beschämt helfen wir ihr, ihr Werkzeug einzusammeln, und begleiten sie wieder ins Haus zurück, nicht jedoch ohne ab und zu einen Blick über die Schulter zu werfen, ob uns nicht irgendwelche überlebenden Wespen eine Strafschwadron nachschicken.
Unser Respekt für Ominée, immer schon hoch, steigt jetzt ins Uferlose. Bescheiden nimmt sie unser Lob entgegen und kocht weiter Marmelade, von keiner einzigen Wespe belästigt.
Gegen Abend, wir sitzen alle bei Lampenlicht und zugezogenen Gardinen um den Kamin, läutet das Telefon. Großvater geht an den Apparat, bleibt eine ganze Weile weg und kommt dann grinsend zurück.
»Das war der Pfarrer«, sagt er. »Er hat mich gefragt, ob er etwas tun könnte.«
Ominée läßt ihre Strickarbeit sinken.
»Was meint er damit?« fragt sie.
»Er sagt, wenn er irgendwie helfen kann, kommt er sofort herüber.«
»Wovon spricht er, zum Kuckuck?« fragt Ominée verblüfft.
»Man hat ihn heute nachmittag angerufen und gesagt, auf unserer Wiese sei jemand gesehen worden, sehr feierlich gekleidet, mit einer Art Hofnarrenkappe auf dem Kopf, und dieser Jemand hätte einen brennenden Zauberstab durch die Luft geschwenkt. Aus der Böschung soll Rauch gekommen sein. Ein klarer Fall von schwarzer Magie.«

Es regnet Zwetschken

Zwetschken, Zwetschken, und noch einmal Zwetschken. Wir ernten sie seit Wochen: zum Einfrieren, als sie noch fest und glatt waren; für Kuchen und Konfitüre, als sie reifer und saftiger wurden; und jetzt, da sie überreif und süß und dem Verfaulen nahe sind, zum Entsaften. Jeden Tag gehen wir in den Obstgarten, breiten ein Laken unter einen Baum und schütteln ihn: es regnet Zwetschken auf unsere Köpfe, und bald ist der Korb voll. Großvater hat kaum Zeit, ihn in die Küche zu tragen, so rasch tropft der Saft unten aus dem Korb.

Tagelang erfüllt der schwere, süße Duft des heißen Zwetschkensaftes das Haus.

»Ich kann keine Zwetschken mehr sehen!« sagt Großvater. »Am Ende werden wir noch alle wie Zwetschken ausschauen!«

Heute, während Ominée und ich den letzten Baum abräumen, gibt es plötzlich ein geschäftiges Rascheln im Gipfel des Baumes.

»Tschuk-tschuk!«

Ich schaue hinauf, und da landet ein Zwetschkenkern auf meiner Nase: Max, das rote Eichhörnchen, hockt oben, hält eine Zwetschke in den Pfoten und dreht sie immer wieder um. Dabei beißt er mit seinen scharfen Vorderzähnen Stücke heraus und kaut sie sehr schnell und gründlich mit den Hinterzähnen. Sein langer, buschiger Schwanz hängt vom Ast herun-

ter und zuckt nervös, während sein Kopf mit den Büschelohren und Knopfaugen sich ununterbrochen nach links und rechts dreht, auf der Suche nach Feinden.
Dabei würde Max dem Großteil dieser Feinde spielend entkommen: wenn du siehst, wie er einen Baumstamm hinauf und einen Ast entlang läuft (die Krallen auf seinen Pfoten geben ihm perfekten Halt, auch auf den dünnsten Zweigen), im Flug zum nächsten Baum wechselt, dessen Stamm hinunter, zum dritten Baum hinüber und wieder hinauf läuft, und das Ganze wiederholt, dann würdest du annehmen, daß kein Wesen der Erde ihn je erwischen kann. Ich habe einmal gesehen, wie eine riesengroße Eule ihn angreifen wollte, und Max ihr dadurch entkam, daß er einfach immer rundum einen Baumstamm hinauflief, während die Eule, die schwerfällig in weiten Kreisen flog, ihm nicht folgen konnte.
Max hat allerdings einen Feind, und der ist gnadenlos. In der Flinkheit und Wendigkeit ist ihm der Edelmarder durchaus ebenbürtig, sogar in den obersten Zweigen der Bäume, außerdem ist er schlau und wird ein Eichhörnchen so lange jagen, bis es vor Erschöpfung zu Boden fällt.
Jetzt aber ist weit und breit kein Edelmarder zu sehen, Max knabbert also weiter an seinen Zwetschken, bis er Moritz sieht, das schwarze Eichhörnchen, das mit elegant wogendem Schwanz die niedrige Küchenmauer entlangläuft. Mit einem freudigen »Tschuk-tschuk« segelt Max mit einem Sprung zu Boden, und bald jagt er Moritz den Lindenbaum hinauf. Im Korkenzieherstil geht es rund um den Stamm, dann auf einen Ast hinaus, im Sturzflug zum nächsten Baum, auf und ab, rundherum, begleitet von lautem »Tschuk-tschuk-tschuk«. Wer sonst könnte so fabelhaft Fangen spielen?
»Alles gut und schön«, brummt Ominée, »wenn sie nur meine Nüsse in Ruhe lassen würden! Auch die Haselnüsse haben sie heuer geklaut – nicht eine haben wir ernten können. Und dem armen Herrn Schön fressen sie die Samen, die er im Frühling und im Herbst sät. Sogar die Äpfel und die Birnen beißen sie an, um an die Kerne heranzukommen. Sie sind hübsch, aber sie richten mehr Schaden an, als man glaubt.«

Wenn ich Max und Moritz beobachte, wie sie im Laub unter den Bäumen stöbern, ab und zu eine Nuß in beiden Pfoten halten und sie unglaublich schnell bald in die eine Richtung, bald in die andere drehen, bis sie sie mit messerscharfen Zähnen durchbeißen, dann denke ich mir, wie gut es ist, daß sie so schlau sind und ein so gutes Gedächtnis haben. Denn wenn der Winter kommt und der Schnee mit seinem weißen Federbett alles zudeckt, dann werden Max und Moritz sich wohl erinnern müssen, wo sie die Nüsse und Haselnüsse versteckt haben, die sie jetzt so emsig sammeln.

Hundert neue Rosenstöcke

Frühstück an einem kühlen Herbsttag. Die Sonne scheint schräg durch die gelben Blätter des Lindenbaums und füllt die Küche mit goldenem Licht.

Großvater läßt sich eine zweite Tasse Kaffee geben.

»Ich mag den Herbst«, sagt er. »Er hat so etwas Beruhigendes. Die Arbeit im Garten ist praktisch erledigt, und man kann sich zufrieden zurücklehnen.«

Er füllt seine Pfeife und zündet sie an. Genüßlich pafft er und stopft den Tabak fest, bis er anfängt zu glühen. Der blaue Rauch schlängelt sich um die Sonnenstrahlen, die durch das Fenster scheinen. In der Küche macht sich der köstliche Duft von gutem Tabak breit, vergleichbar nur dem würzigen Geruch der Herbstfeuer, die schon in den angrenzenden Gärten und Feldern brennen.

Um den Frühstückstisch herrscht Frieden.

Die Türglocke läutet.

»O weh«, sagt Großvater.

»Ich geh' schon«, sagt Ominée und steht auf. Ein paar Minuten später kommt sie geschäftig in die Küche zurück.

»Die Rosen sind angekommen!«
»Ich hab's gewußt«, sagt Großvater. »Welche Rosen?«
»Die, die wir bestellt hatten. Für die Pergola. Sie kamen mit Nachnahme. Hast du Geld?«
»Was heißt, w i r haben sie bestellt?« sagt Großvater, und seine Stimme hebt sich. »Ich kann mich nicht erinnern, daß wir Rosen für die Pergola bestellt hätten.«
»Na ja«, sagt Ominée ruhig, »es kann sein, daß ich dir nichts davon gesagt habe. Hast du Geld? Der Briefträger wartet nämlich.«
»Wieviel brauchst du?«
»Fünfzehnhundert Schilling.«
»WAS?« brüllt Großvater. »Wofür? Fünfzehnhundert Schilling am Ende eines Jahres, in dem ich praktisch jedes Wochenende für den Garten Geld ausgegeben habe? Wie viele Rosen hast du denn bestellt?«
»Hundert.«
»HUNDERT?« schreit Großvater. »Was, zum Kuckuck, werden wir mit hundert Rosen tun? Der Garten ist voll Rosen, wir haben keine zehn Quadratzentimeter Platz mehr. Was willst du, eine Baumschule eröffnen?« Brummend zieht er seine Geldtasche heraus und stapft zur Tür: »Fünfzehnhundert Schilling! Hundert Rosen! Der helle Wahnsinn!«
»Vielleicht hätte ich ihn vorher fragen sollen«, sagt Ominée, »er braucht aber nicht s o ein Theater zu machen. Geh und hilf ihm, das Zeug zur Pergola hinauszutragen, Schatz. In der Zwischenzeit hole ich die Gartengeräte.«
In der Pergola stellt Großvater die vier riesigen Kartons ab, wischt den Staub von seinem Rock und stapft zum Haus zurück.
»Jetzt bist du dran«, ruft er Ominée zu. »Du hast sie bestellt, du kannst sie auch pflanzen.«
»Ach nein, Schatz«, flötet Ominée, »ich brauche deinen Rat. Schließlich bist d u der Experte. Niemand kann so schön wie du eine Rabatte anlegen.«
Das ist ein absoluter Tiefschlag, denn auf eines ist Großvater wirklich stolz,

und das ist seine Begabung, zu planen. Er sagt immer, müßte er sein Leben noch einmal von vorn beginnen, würde er Landschaftsgärtner werden. Besänftigt kommt er zurück.
»Was meinst du, sollen wir die Rosen in drei Reihen, im Zickzack, die Pergola entlang setzen? Ich glaube, das würde sehr gut ausschauen«, sagt Ominée mit engelhaftem Lächeln.
»Kann sein«, erwidert Großvater, zurückhaltend, versteht sich. Schließlich und endlich hat er eben fünfzehnhundert Schilling ausgegeben, man muß nicht gleich auf die anderen eingehen. »Aber zuerst muß der Boden vorbereitet werden.«
»Ausgezeichnet!« erwidert Ominée, sehr rasch, damit er keine Zeit hat, sich die Sache wieder zu überlegen. »Geh du und hol das Wilde Pferd, inzwischen gebe ich die Rosen in die Wassertonne, damit sie vor dem Einsetzen richtig gewässert werden.«
Nun ist die Sache mit dem Wilden Pferd nicht so einfach, der Boden ist seit einer Ewigkeit nicht bearbeitet worden, er ist hart wie Beton, voll der Steine, Wurzeln und anderem widerlichem Zeug. Das Wilde Pferd, ohnehin müde nach monatelanger Arbeit, tut sich schwer und streikt immer wieder, was zur Folge hat, daß Großvater warten muß, bis der Motor abgekühlt ist und wieder anspringt. Als Ominée zurückkommt, sind sowohl die Messer des Wilden Pferdes wie auch Großvaters Nerven ziemlich angegriffen.
»Ich habe Stöcke und Schnur zum Markieren der Reihen mitgebracht«, sagt Ominée.
Grunzen.
»Auch den Spaten und die Gießkanne.«
Grunzen.
Ohne auf das nächste Grunzen zu warten, geht Ominée an die Arbeit, während Großvater mit dem Wilden Pferd weiterkämpft. An einem Ende der Rabatte steckt sie einen Stock in die Erde, am anderen Ende einen zweiten. Die Schnur bindet sie zwischen die beiden Stöcke, ungefähr fünfzehn Zentimeter über dem Boden.

»So. Jetzt wird die Reihe gerade sein«, murmelt sie in sich hinein. Und laut: »Soll ich anfangen, die Löcher für die Rosen zu graben?«
»Wart' einen Moment«, schnauft Großvater, »ich möchte nur das Stück noch einmal umstechen.«
Und ehe Ominée es verhindern kann, rast das Wilde Pferd geradewegs in die Schnur hinein und beginnt sie mit einer Geschwindigkeit aufzufressen, die einem hungrigen Italiener beim Spaghettiessen Ehre machen würde. Die Schnur wickelt sich immer mehr um die Messer der Maschine, die Stöcke werden aus der Erde gerissen, einer von ihnen landet – bums – auf Großvaters Stirn, und das Wilde Pferd bricht mit einem letzten Seufzer zusammen.
Kurzes Schweigen.
Großvater beherrscht sich heldenhaft.
»Du hast mir nicht gesagt, daß du die Schnur schon gespannt hattest«, sagt er.
»Ich habe gedacht, du würdest sie sehen«, erwidert Ominée. »Außerdem hat der Motor so einen Lärm gemacht, daß du mich nicht gehört hättest.«
»Hilf mir, die Maschine umzudrehen«, sagt Großvater.
Ein Blick auf die Unterseite, und jede Hoffnung auf Weitermachen wird sofort aufgegeben. Die Messer sind so dicht mit Schnur umwickelt, daß sie wie Zwirnspulen aussehen, und die Stöcke haben sich derart verkeilt, daß man sie auch mit einem Hammer nicht herauskriegen könnte.
Wortlos nehmen Ominée und Großvater je ein Ende des Wilden Pferdes in die Hand und tragen es weg von der Pergola, auf das Feld.
»Geh und hol die Küchenschere, Schatz«, sagt Ominée zu mir, in den Flötentönen, die sie immer verwendet, wenn sie mir vorgaukeln will, daß mir die schönste Stunde meines Lebens bevorsteht. »Du kannst die Messer damit putzen, das ist eine gute Vormittagsbeschäftigung. Und sei lieb und bring noch zwei Stöcke und ein Knäuel Schnur mit.«
Als gebranntes Kind überläßt Ominée diesmal Großvater das Ausstecken der Rabatten. Während er darangeht, entlang der Schnur alle fünfzig Zentimeter Löcher in die Erde zu graben, hebt Ominée die Rosen aus dem

Wasser und schneidet ihre Wurzeln kürzer, damit die neue Schnittfläche das Wasser besser aufsaugt. Sie steckt eine Rose in jedes Loch und gießt etwas Wasser dazu. Kniend hält sie die Rose mit der einen Hand und schaufelt mit der anderen Erde in das Loch. Dabei schüttelt sie die Rose sanft, so daß die Erde zwischen die Wurzeln gelangt. Sie sagt, wenn man das nicht tut, bilden sich Luftlöcher in der Erde, in die später der Frost kommt und die Wurzeln zum Frieren bringt.

Ist das Loch mit Erde gefüllt und die Veredelungsstelle gut zugedeckt, tritt Ominée die Erde rund um die Rose mit den Stiefeln fest. Die Veredelungsstelle ist eine Schwellung ganz unten am Stamm der Rose. Dort hatte der Züchter den Stamm aufgeschlitzt und eine Knospe auf die Unterlage gepfropft. Dann mußte er fünfzehn Monate warten, bis er mit einer neuen Rose belohnt wurde, die er Ominée verkauft hat und die sie gerade jetzt, wie wir sehen, einsetzt.

Bis Ominée am Ende der Reihe angelangt ist, hat Großvater die Stöcke für die nächste Reihe ausgesteckt und die Löcher gemacht. Großvater und Ominée arbeiten schnell und gut. Nach drei Stunden sind sie fertig und betrachten, auf ihre Gartengeräte gestützt, die hundert Rosen mit müdem, aber zufriedenem Blick.

»Gute Arbeit«, sagt Großvater.

»Es wird eine Pracht sein, wenn sie einmal blühen«, sagt Ominée.

»Du hast gut daran getan, sie zu bestellen«, sagt Großvater großzügig. »Wir brauchen einen Farbfleck hier an dieser Stelle.«

»Als Schnittblumen werden sie ideal sein«, sagt Ominée.

»Man kann nie genug Rosen haben«, sagt Großvater.

»Fällt dir etwas auf?« sagt Ominée.

»Nein«, sagt Großvater.

»Die Reihen sind nicht gerade«, sagt Ominée. »Wir werden das Ganze noch einmal machen müssen.«

Herbstfeuer und Dohlengekrächze

Ich habe mich immer gefragt, warum das Jahr im Januar beginnt, wenn die Erde kalt und hart ist, der Himmel bleifarben, und die große weiße Stille sich auf den Garten niederläßt.
Hätte ich etwas zu sagen, würde ich bestimmen, daß das Jahr im Herbst beginnt: sagen wir, im September, oder noch besser, im Oktober. Jetzt brechen die Wälder in Farbenflammen aus, in üppiges Rot und Gold und Rost, so daß ich, wenn ich unter den Bäumen gehe, das Gefühl habe, an einem mittelalterlichen Aufzug teilzunehmen, mit Rittern und ihren Damen in prunkvollen Roben aus Samt und Brokat, geschmückt mit Juwelen, die in der Sonne glitzern.
Und wenn ich durch das knöchelhohe Laub gehe, das von den Bäumen gefallen ist, kommt es mir vor, als hätte mir eine unsichtbare Hand einen sehr dicken bunten Teppich vorgelegt. Die nackten Äste, gegen den Himmel schwarz geätzt, treffen sich über meinem Kopf wie die Schwerter einer Ehrengarde.
Der große Maulbeerbaum im Hof ist immer der letzte, der sein Laub abwirft. Wenn ich unter seinen ausgebreiteten Zweigen stehe, streichle ich die Blätter, die zu vergilben beginnen und deren Ränder schon trocken sind. Sie rascheln im Abendwind und seufzen wie gebrechliche alte Damen, die im Pfarrhausgarten Tee trinken.
Zu dieser Zeit hängt die wilde Waldrebe wie ein Nebel an den Hecken, und die rotleuchtenden Hagebutten stechen voll Wut in die Hände, die sie pflücken möchten. Es ist müßig, die Zweige im Wasser aufbewahren zu wollen: ihre Blätter werden bald trocken und fallen ab, während die Beeren runzelig und glanzlos werden. Ominées Methode, die Zweige in eine Lösung aus Glyzerin und Wasser zu stecken und die Beeren mit Haarspray zu besprühen, ist die einzige, die sie halbwegs frisch über den Winter erhält und einen dafür entlohnt, daß man sich die Hände wundgestochen hat.

Im Bauerngarten stehen die Chrysanthemen und Astern in voller Pracht. Ihr süßer, schwerer Duft ist genauso ein Teil des Herbstes wie der Duft der Rosen ein Teil des Sommers. Die Astern habe ich besonders gern: sie sind richtige Bauernblumen, sie haben keine Allüren und geben nicht vor, etwas anderes zu sein, als sie sind. Und wenn Ominée sie schneidet und zu großen Sträußen bindet, halten sie länger als jede andere Blume.
Wenn wir schon bei den Düften sind: die Herbstdüfte unterscheiden sich von den Frühlings- und Sommerdüften – sie sind würzig, fast pfeffrig, gar nicht süßlich wie der Duft des Flieders oder der Petunien. Es gibt, zum Beispiel, den herben Geruch von halbverrotteten Eichenblättern, oder das berauschende Aroma des Rauches von einem der unzähligen Feuer, welche die Leute, die nicht wissen, was sie mit ihrem Laub anfangen sollen, in ihren Gärten anzünden. (Wir verbrennen unser Laub nie, wir geben es zum Verrotten auf den Komposthaufen, oder als Mulch um empfindliche Pflanzen, damit der Frost nicht zu ihren Wurzeln vordringt.)
Und der Duft des ersten Holzfeuers im Kamin! Vielleicht ist er der süßeste von allen: denn er beschwört beruhigende Visionen von zugezogenen Vorhängen, mildem Lampenschein, langen Leseabenden, von Ominée, die in ihren Blumenkatalogen blättert, oder von Großvater, der einfach an seiner Pfeife zieht und in die Flammen schaut. Wenn ich einmal mein eigenes Haus baue, wird es in jedem Schlafzimmer einen Kamin geben, so daß jeder im Bett den Widerschein der Flammen auf der Decke spielen sehen und zum Zischen der feuchten Holzstücke einschlafen kann.
Auch eigene Geräusche hat der Herbst. Da ist das Tuckern der Traktoren, das rundum zu hören ist: über die Felder, die Wege herunter, die Hauptstraße hinauf. Manchmal schleppen sie etwas hinter sich her, sei es ein Anhänger mit Kartoffeln, Zuckerrüben oder Mais, sei es ein Pflug, der die dunkle, schokoladenfarbene Erde aufbricht und die Schollen für den Frost vorbereitet, der sie zu feinen Krümeln macht. Da ist das Knallen der Büchsen, die die Stare aus den Weingärten verscheuchen sollen. (Ich sage sollen. In Wirklichkeit kommen diese schlauen Vögel bald darauf, daß die Knaller in regelmäßigen Abständen losgehen, und regeln ihre Überfälle danach.)

Das Krächzen der Dohlen ist ebenfalls ein Bestandteil des Herbstes. Manche finden es melancholisch, an Tod und Verfall mahnend. Für mich bedeutet es die Schärfe des ersten Frostes, blauen Grundnebel unter den Bäumen, und Buchteln zur Jause am Kamin.
Die Natur hat das ganze Jahr gearbeitet, sie hat ihre Früchte geliefert, und jetzt lehnt sie sich zurück und macht eine wohlverdiente Pause. Das ist ihr Urlaub, in dem sie neue Kräfte für die nächste Arbeitsrunde sammelt.
Ich finde, das neue Jahr sollte jetzt, im Herbst, beginnen.

Ein Meisterwerk für Fasane

Kaum zu glauben, daß es schon November ist. Wir stehen um das Feuer im Küchengarten, füttern es mit Heu und Zweigen und stochern mit Stöcken darin herum, damit es weiterbrennt. Wir haben unsere Pullover ausgezogen, denn die Sonne scheint warm auf unsere Rücken.
»Man sagt, es wird ein milder Winter kommen«, sagt Großvater. »Hoffentlich.«
»Was heißt hoffentlich?« sagt Ominée. »Ein milder Winter bringt die Insekten und die Wespen nicht um, sie werden uns also gleich zu Frühlingsbeginn wieder belästigen. Ich mag einen guten Frost, er zerkleinert die Erdschollen und verhindert, daß der Saft in den Bäumen zu früh aufsteigt. Und wenn er zur richtigen Zeit, im Winter, kommt, dann verschont er uns später, und es geht uns nicht wie heuer, wo er im Mai alle unsere Tomaten vernichtete. Der Frost tötet auch die Bazillen von Krankheiten wie Grippe. Nein, nein, ich mag keinen milden Winter.«

»Was macht denn Herr Rakonitsch dort?« sagt Großvater und zeigt auf die Nachbarwiese. »Ich glaube, er schneidet das Gebüsch am Hang.«
Tatsächlich, Herr Rakonitsch schwingt eine Sichel.
»Diese Fasane!« schimpft er. »Sie verstecken sich hier im Gebüsch, und wenn ich nicht aufpasse, kommen sie und fressen meinen ganzen Mais.«
»Die Krähen fressen auch Mais«, sage ich (ich habe nämlich die Fasane gern und möchte sie verteidigen). »Woher wissen Sie, daß es nicht die Krähen waren?«
»Ich weiß es genau«, sagt Herr Rakonitsch, »denn die Krähen fliegen herunter und picken den Mais von oben, während die Fasane auf dem Boden bleiben und die unteren Kolben anfressen. Außerdem fressen die Fasane auch die frische Saat.«
»Das machen die Krähen auch.«
»Stimmt«, sagt Herr Rakonitsch. »Aber die Krähen erwische ich nicht, während ich die Fasane dadurch loskriege, daß ich die Büsche niederschneide, in denen sie sich aufhalten. Und genau das tue ich jetzt.«
»Ich finde es gemein«, sage ich zu Großvater, als wir zum Feuer zurückgehen. »Was werden die Fasane tun, wenn sie nirgendwo Schutz finden? Die Füchse und die Katzen und die Falken werden sie fangen.«
»Du mußt auch den Standpunkt von Herrn Rakonitsch verstehen«, sagt Großvater. »Er lebt von seiner Landwirtschaft. Ich habe aber eine Idee. Wie wäre es, wenn wir den Fasanen eine Schutzstelle bauen, wo wir sie ungefährdet füttern können? Wenn wir sie auf dem Rasen vor der Küche aufstellen, können wir die Fasane aus nächster Nähe beobachten und halten sie von den Feldern der Nachbarn ab. Damit werden alle zufrieden sein.«
Gesagt, getan. Wir überlassen Ominée das Überwachen des Feuers und holen aus der Scheune die Motorsäge und ein langes Seil.
»Es ist immer gut«, erklärt Großvater mit der Vortragsstimme, die er meist annimmt, wenn er davon ablenken will, daß er sich freut, von einer langweiligen Aufgabe zu einer neuen, aufregenderen übergehen zu können, »es ist immer gut, wenn man zwei Fliegen mit einem Schlag töten kann.

Erstens werden wir die Bäume fällen, die die Aussicht vom neuen Sitzplatz auf der Mittelwiese behindern, und aus dem Holz werden wir eine Schutzstelle für die Fasane bauen.«

Normalerweise fällt Großvater nicht gern Bäume, er sagt, Bäume sind heilig und man soll sie nicht anrühren, außer sie sind krank und in Gefahr, umzustürzen. Diese drei Bäume aber sind Akazien, und bei uns wachsen die Akazien wie Unkraut und ersticken alles andere. Also hat Großvater in diesem Fall keine Hemmungen. Er macht sich daran, eine professionelle Arbeit zu leisten, ganz wie die Forstleute.

Zuerst schneidet er jedem Baum mit der Motorsäge die Seitenzweige ab, soweit es geht, dann schneidet er einen Keil ganz unten aus dem Baumstamm, auf der Seite, wo der Baum hinzufallen hat. Ich klettere dann auf die Leiter und binde das Seil so hoch wie möglich um den Stamm. Großvater fängt an, unten am Stamm zu sägen, und zwar auf der dem Keil gegenüberliegenden Seite. Ich ziehe am Seil, bis der Baum zu schwanken beginnt. Er schwankt immer mehr, bis er plötzlich bricht. Ich ziehe noch ein letztes Mal mit aller Kraft an dem Seil, hüpfe aus dem Weg, und der Baum fällt mit Getöse auf die Wiese.

»Na, was sagst du?« meint Großvater. »Wie Profis.« Und voll Selbstbewunderung stehen wir da und betrachten unsere Arbeit.

Ominée, neugierig wie sie ist, hat uns die ganze Zeit beobachtet.

»Seid ihr zwei mit der Selbstbeweihräucherung bald fertig?« fragt sie. »Was wird aus dem vielen Holz?«

»Das ist Männersache«, sagt Großvater würdig. »Du wirst schon sehen. Als nächstes«, sagt er zu mir, »müssen wir die Stämme in die richtige Länge schneiden. Die Schutzstelle muß auf vier Beinen stehen, und sie muß nach allen Seiten hin offen sein, damit die Fasane nach Feinden Ausschau halten können. Sie muß auch ein Dach haben, damit die Fasane sich geborgen fühlen. Das Dach soll allerdings schief sein, sonst bleiben Regen und Schnee haften und das Holz verfault. Das bedeutet, daß die Beine auf einer Seite länger sein sollen als auf der anderen: am besten achtzig Zentimeter zu vierzig Zentimeter. Während ich sie zurechtschneide, gehst du ins

Dorf und kaufst lange Nägel. Ungefähr fünfzehn Zentimeter.«
Als ich aus dem Dorf zurückkomme, hat Großvater das Holz in die gewünschte Länge geschnitten. Jetzt heißt es, die einzelnen Teile zusammenzufügen. Zuerst macht er tiefe Löcher mit dem Elektrobohrer, dann schlägt er die Nägel hinein. Jetzt werden die Beine durch Latten miteinander verbunden – und das ist keine leichte Arbeit. (Versuch du zwei längere mit zwei kürzeren Beinen zu verbinden, ohne daß ein Bein immer kippt und das Ganze zu Fall bringt!) Endlich stehen aber doch alle vier Beine. Wir nageln die Dachlatten darauf, und die Schutzstelle ist fertig.
»Jetzt brauchen die Fasane nur hereinzuspazieren«, sagt Großvater selbstgefällig.
Kaum hat er diese Worte ausgesprochen, neigt sich unser Meisterwerk, plötzlich müde geworden, auf einer Seite und senkt sich ganz sanft auf den Rasen.
Aus dem Augenwinkel sehe ich Ominée, die durch das Küchenfenster grinst, sie hat aber genug Verstand, nichts zu sagen.
»Meine Schuld«, sagt Großvater mit ungewohnter Geduld. «Ich habe vergessen, Querlatten aufzunageln.«
Wieder geht's zu den gefällten Akazien, wir hacken noch zwei Zweige ab, und Großvater nagelt sie kreuzweise zwischen den vorderen und hinteren Beinen der Schutzstelle fest. Er gibt dem Meisterwerk einen Stoß: es bleibt stehen, denn die Querlatten halten es zusammen.
Jetzt kommt Ominée doch aus der Küche. Wir stehen alle da und bewundern das fertige Produkt grenzenlos.
»Hoffentlich finden es die Fasane«, sagt Ominée.
»Wir werden Inserate aufgeben«, sagt Großvater. »In der Fasanenzeitung und den Vogelnachrichten. ›Neueröffnung! Snackbar beim Birnerthaus! Maisspezialitäten! Für Familien Sonderpreise!‹«

Einpacken, der Winter kommt!

Ich ertappe Großvater, wie er in der Diele steht und mit besorgter Miene auf das Barometer klopft.

»Wettersturz«, sagt er. »Wir müssen den Garten für den Winter einpakken.«

Jetzt geht's zum letzten Angriff mit Spaten, Gabel, Schere und Mäher. Großvater hat zum letztenmal den Rasen gemäht, er hat überall so kurz wie möglich geschnitten und das letzte Laub entfernt, damit es nicht über den Winter liegt und verfault.

Ominée hält sich tapfer, ich merke aber, daß ihre Stimmung, wie das Wetter, mit jedem Tag düsterer wird: der Gedanke lastet schwer auf ihr, daß sie den Garten bald seinem Schicksal überlassen muß. Sie begrüßt jede Ausrede, einen Spaten oder eine Gabel über die Schulter zu legen und hinausgehen zu können. Mit grimmiger Entschlossenheit sticht sie die leeren Rabatten um und überläßt es dem Winterfrost, mit den schweren Erdschollen fertig zu werden. Sie lockert die Erde rund um die noch vorhandenen Stauden mit einem Jäter und umgibt die Stauden mit einer Schicht Mulch; das hat den doppelten Zweck, sie zu füttern und vor Kälte zu schützen.

Auch die Rosen werden eingepackt. Den großen Schnitt macht Ominée im März, jetzt schneidet sie sie nur so weit zurück, daß sie ordentlich aussehen. Die Stammrosen sind heikler als die anderen, daher stülpt ihnen Ominée Papiersäcke über die Köpfe und schnürt die Säcke locker zu. Nylonsäcke nimmt sie zu diesem Zweck nie, sie sagt, die Rosen würden ersticken, während Papier die Luft einläßt, nicht aber die Kälte. Großvater sagt, es sieht aus, als hätten wir ein Dutzend Vogelscheuchen im Garten; und Ominée sagt, es ist besser, Vogelscheuchen als frostverbrannte Rosen zu haben.

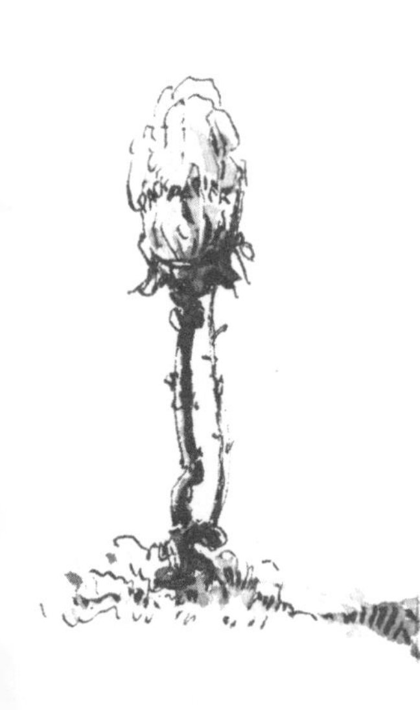

Es gibt Pflanzen, die ins Haus gebracht werden müssen: die beiden Oleander, zum Beispiel, die in grünen Holzkübeln bei der Eingangstür stehen und immer größer werden. Voriges Jahr haben Großvater und Ominée sie selbst ins Haus getragen, und nachher hatte Ominée acht Tage lang Rükkenschmerzen; heuer werden sie warten, bis ein argloser junger Gast im Haus ist!

Das Überwintern von Pflanzen ist gar nicht so einfach, wie man glauben könnte: sie sollten nämlich an einem hellen Platz stehen, bei einer Temperatur von ungefähr 15 Grad Celsius, und ihre Erde soll feucht, aber nicht naß gehalten werden. Es ist sehr schwer, allen diesen Anforderungen gerecht zu werden: die Oleander zum Beispiel, sind schon so groß, daß sie nur in der Diele Platz finden, wo es wenig Licht gibt; am Ende des Winters beginnen sie, müde auszusehen, die Blätter trocknen ab und sind dicht besiedelt mit Blattläusen.

Die meisten Sorgen bereiten uns die Geranien. Im März hatten wir Stecklinge gemacht – es waren so viele, daß wir sie zu dritt oder viert in einen Topf geben mußten. Da sie fast alle gediehen und stark wurden, hatten wir den ganzen Sommer über viele prachtvolle Pflanzen, die in großen Töpfen üppig blühten und jede Ecke des Gartens mit ihren bunten Farben festlich beleuchteten.

Im August sahen diese Stecklinge schon wie junge Bäume aus, so gesund und stark waren sie geworden. Durch diesen Erfolg kühn gemacht, holte Ominée ihr Gartenmesser, schnitt von den ersten Stecklingen wieder neue ab, pflanzte sie in Töpfe – und siehe da, auch sie wurden groß und stark! Die Folge von all dem ist, daß wir jetzt um die Hälfte mehr Geranien haben als im Frühling. Nun erhebt sich die Frage: wo werden wir sie überwintern? Ominée versucht verzweifelt, all ihren Freunden und Nachbarn Geranien zu schenken, es scheinen aber alle schon mehr als genug Geranien zu haben. Abnehmer finden wir keine.

Das Haus ist also voll Geranien. Sowohl die Küchenfenster als auch die Fenster der Schlafzimmer sind mit Blumentöpfen besetzt; Geranien stehen im Badezimmer, im Wohnzimmer, in der Diele. Und alle gedeihen sie, werden mit jedem Tag gesünder und stärker, als wäre es Frühling und nicht fast Winter.

»Sie sind alle so gesund«, sagt Großvater argwöhnisch, »daß sie sich im nächsten Frühling wahrscheinlich wieder vermehren werden! Wenn Ominée weitere Stecklinge schneidet, wird überhaupt kein Platz im Haus sein! Es wird wie ein Treibhaus sein!«
»Eine gute Idee!« sagt Ominée. »Du kannst mir zu Weihnachten ein Treibhaus schenken. Ich habe mir immer eines gewünscht. Und stelle dir vor, was ich sonst noch in einem Treibhaus züchten könnte. Zum Beispiel Orchideen. Auch von Orchideen kann man Stecklinge machen! Wo, glaubst du, sollen wir das Treibhaus aufstellen?«
Großvater ist aber nicht mehr da. Leise, auf Zehenspitzen, ist er davongegangen, und Ominée spricht ins Leere.

Advent

Mit jedem Tag werden die Gartenstunden kürzer. Es scheint erst gestern gewesen zu sein, daß wir um sechs Uhr die Geräte in die Scheune zurückstellten: heute ist es kaum fünf Uhr, und schon scharren wir am Gitter vor der Küchentür die Erde von unseren Schuhen und jammern, daß wir vor lauter Zeitmangel nur die Hälfte der Arbeit erledigen konnten. Wie wird es in einem Monat sein, wenn die Dämmerung schon um vier Uhr kommt? Wie werden wir es aushalten, daß wir nach der Jause nicht mehr hinausgehen können? Was werden wir mit den Stunden tun, die wir in den vier Wänden verbringen müssen?
»Ich sag' dir, was wir tun werden«, erklärt Ominée resolut. »Wir werden mit den Händen arbeiten, aber nicht mit Spaten oder Jäter, und auch nicht mit Pflanzen oder Erde. Wir werden das Haus für die kommende Weihnachtszeit schmücken.«
Denn der Advent ist da, Advent, die Zeit des Ankommens, vier Wochen Warten auf die Geburt Christi. Eine Art atemlose Pause, ehe die Glocken läuten. Die stillste Zeit des Jahres.

Als erstes gilt es, einen Adventkranz zu machen. Er muß vier Kerzen haben, die an den vier Sonntagen vor Weihnachten angezündet werden. Heuer will ich einen Kranz aus Bast machen, statt aus den traditionellen Fichtenzweigen: er wird ländlich aussehen und den Vorteil haben, daß er im geheizten Wohnzimmer nicht trocknet und sich verfärbt. Ich lege einen großen Bund Bast auf den Küchentisch, ein Paket dicke rote Kerzen, dünnen Draht und rotes Leinenband, ungefähr drei Zentimeter breit.
Den Bast schnüre ich an einem Ende mit Draht ganz fest zusammen, hake den Bund an einen Türgriff, damit ich beide Hände frei habe, und teile ihn in drei Strähnen, die ich dann zusammen mit dem roten Leinenband zu einem dicken Zopf flechte. Das untere Ende des Zopfes binde ich, wie das obere, mit Draht fest. Jetzt heißt es, die beiden Enden zu einem Kreis zu verbinden und so ineinanderzuflechten, daß man glaubt, einen endlosen Zopf vor Augen zu haben. Das ist sehr schwer und bedarf zweier Händepaare. Ich hole also Ominée zu Hilfe.
Jetzt müssen die Kerzen auf dem Kranz befestigt werden. Das ist in diesem Fall nicht so leicht, denn Bast ist keine feste Unterlage. Mit einem Messer ritze ich in jede Kerze, ganz unten, eine Rille: in diese Rille lege ich dünnen Draht, von dem ein längeres Stück übrigbleibt, das ich zum Befestigen der Kerze verwende, indem ich es durch den Kranz steche und unten umbiege. So bleibt die Kerze gerade und fest verankert.
Jetzt schneide ich ein Stück Knetmasse in dicke Streifen, rolle sie zwischen beiden Händen und lege die Rollen um die Basis jeder Kerze, als eine Art Sockel, in den ich dann so viele von Ominées Trockenblumen stecke, bis die Knetmasse nicht mehr zu sehen ist.
Zwischen den Kerzen befestige ich mit Draht rote Äpfel (mit Haarspray gegen Schrumpfen behandelt!) und kleine Fichtenzapfen. Und als letztes, zum Aufhängen, binde ich zwei Leinenbänder kreuzweise um den Kranz.
Inzwischen ist Großvater in der Werkstatt eifrig beschäftigt. Man hört Klopfen, Sägen, Bohren und viel Gemurmel, ab und zu auch ein Pfeifen. Jetzt kommt er in die Küche, in den Händen triumphierend die Früchte seiner Arbeit: einen Ständer für meinen Kranz. Der Ständer ist ganz aus

Holz und besteht aus einer Bohnenstange, die Großvater in einen breiten, kreuzförmigen Fuß gesteckt hat.
Wir befestigen die beiden Bänder des Kranzes mit einem Nagel oben auf der Stange. Der dicke, behäbige Bastkranz mit den roten Kerzen und den roten Bändern schwingt leicht auf seinem schlanken Ständer, ein Inbegriff vorweihnachtlicher Freude.
»Setzt euch doch und trinkt eine Tasse Tee«, sagt Ominée, die unser Prachtstück bewundert hat. »Ihr müßt doch müde sein.«
Großvater und ich sind aber in einem wahren Adventstaumel und lassen uns nicht aufhalten.
»Du kannst jedem eine Tasse bringen«, sagt Großvater, »aber wir werden den Tee im Stehen trinken. Wir müssen noch das Wohnzimmer schmükken. Ohne Engel geht's nicht.«
Er hat recht. Advent ist die Zeit des Wartens. Warten auf die Engel, welche die Geburt Christi ankündigen. Also müssen Engel her, das ist klar. Große Engel mit starken Flügeln, die in der Luft hängen und warten.
Unsere Engel – es sind zwölf, ich nenne sie die zwölf Brüder – sind aus Metallfolie, sechs in Gold und sechs in Silber. Zuerst zeichne ich einen Engel auf ein Stück Folie. Er hat einen runden Kopf, ein langes Gewand, aus dem die Füße ragen, und mächtige Flügel, die ihm bis zum Kopf und bis zu den Füßen reichen. Ich schneide ihn sorgfältig aus und verwende ihn als Modell für die elf anderen Engel. Jeder Engel bekommt ein Loch in den Kopf, durch das ich einen Faden ziehe.
Jetzt holt Großvater die Leiter, schlägt zwölf dünne Nägel in einem Kreis in die Decke ein und hängt die zwölf Brüder auf.
Abends, wenn wir um den Kamin sitzen – Großvater und ich mit einem Buch, Ominée mit dem Strickzeug –, schauen wir hin und wieder zu den zwölf Brüdern hinauf. Sie schwingen ein wenig, drehen sich bald nach links, bald nach rechts, und das Licht der Flammen im Kamin wirft den Schatten ihrer Flügel auf die Decke. Sie scheinen in ein endloses feierliches Gespräch vertieft.
»Glaubst du, daß sie über die Geburt Christi reden?« frage ich.

»Ich glaube«, sagt Großvater, »daß sie die Lieder üben, die sie singen werden.«
»Weder – noch«, sagt Ominée, nüchtern wie immer. »Sie fragen sich, ob es zu Weihnachten Lebkuchen geben wird.«
Großvater verläßt das Zimmer, um Holz für den Kamin zu holen. Er kommt zurück, legt das Holz hin und nimmt meine Hand.
»Komm«, sagt er.
Zusammen treten wir aus der Küchentür in die Kälte hinaus. Die Nacht ist ohne Sterne: aber im Licht, das von der Küche in die Dunkelheit strahlt, fallen, sanft und still, die ersten Schneeflocken.

Der erste Schnee

Es ist noch früh. Eine unsichtbare bleierne Hand ruht auf meinen Augenlidern: ich mache sie immer wieder mit Gewalt auf, und sie fallen immer wieder herunter. Es gelingt mir endlich, sie mit übermenschlicher Anstrengung ein paar Sekunden offen zu halten: lang genug, um wahrzunehmen, daß die Decke meines Schlafzimmers in ein merkwürdiges, fahles, grünlichgelbes Licht getaucht ist.
Ehe mir die Augen wieder zufallen, habe ich gerade noch Zeit, festzustellen, daß das Haus von einer ungewöhnlichen Ruhe umgeben ist: fast als wäre es in Watte gehüllt.
Wonniglich versinke ich wieder in die Tiefen meiner Träume. Eine Sekunde später aber öffne ich von neuem die Augen, springe aus dem Bett und blicke aus dem Fenster.
Schnee! Schnee auf den Dächern, Schnee auf dem Kirchturm, dicker Schnee auf den Ästen, tiefer Schnee auf dem Boden, mit blauen Vertiefungen, dort, wo die Dohlen gegangen sind, hoher Schnee auf meinem Fensterbrett. Und aus einem niedrigen, dunkelgrauen Himmel schweben die

Schneeflocken herab, sie schweben und schweben ohne Ende, sie mildern die Umrisse, füllen die Lücken, und verwandeln vor meinen Augen den vertrauten Anblick des Obstgartens und des Dorfs im Hintergrund.
Mehr vor Aufregung als vor Kälte zitternd, ziehe ich mich an und laufe durch die Küche, zur Tür hinaus, in den unberührten Schnee. Dann stehe ich da, mit offenem Mund, und fange Schneeflocken.
Hast du je versucht, Schneeflocken im Mund zu fangen? Es ist gar nicht so leicht! Ganz unschuldig segeln sie herunter, und glaubst du, eine gefangen zu haben, so macht sie plötzlich kehrtum und fliegt in eine andere Richtung. Du kannst sie durch den ganzen Garten jagen und kommst nicht an sie heran, bis sie zu Boden sinkt und sich im weißen Teppich verliert. Sie sind sehr listig, diese Schneeflocken.
»Komm sofort zurück!« ruft Ominée von der Küchentür her. »Du wirst dich erkälten, wenn du so weitermachst!«
Das Frühstück – in unserem Haus nie eine sehr lustige Angelegenheit, denn Großvater wacht nur zögernd auf, und bist du so unvorsichtig, ihn anzusprechen, ehe er aufgetaut ist, dann riskierst du eine etwas gereizte Antwort – das Frühstück, wie gesagt, ist heute noch ruhiger als sonst. Die schwebenden Schneeflocken scheinen einschläfernd auf uns alle zu wirken, so daß man deutlicher als an anderen Tagen das Ticken der Standuhr und das Pfeifen der Wasserkanne hört.
Plötzlich wird laut an das Fenster geklopft. In einer gelben Weste mit schwarzen Streifen, die sich elegant gegen den weißen Hintergrund des Schnees abhebt, steht eine Kohlmeise draußen auf dem Fensterbrett und schlägt munter mit ihrem kräftigen Schnabel an das Fenster. Dabei gibt sie ein durchdringendes und zorniges »Tschi-tschi-tschi!« von sich.
»Meine Güte!« sagt Ominée. »Wir haben vergessen, den Vogeltisch hinauszustellen. Die Armen werden ganz verhungert sein!«
»Alles gut und schön«, brummt Großvater, »ich wünschte nur, sie würden unser Fenster nicht ruinieren. Wie wäre es, wenn wir jedesmal, wenn wir hungrig sind, auf das Glas schlagen würden?«
Großvaters schlechte Laune schwindet aber bald, denn auch er hat die

Vögel gern. Sobald er mit Hilfe einer großen Tasse heißen Kaffees ganz wach ist, wickelt er sich einen Wollschal um den Hals, setzt die Pelzmütze auf und geht zur Scheune hinüber, von den Meisen scharf beobachtet, die dicht gedrängt im Lindenbaum vor der Küche hocken. Die Federn gegen die Kälte aufgeplustert, sind sie immer noch da, als Großvater mit dem Vogeltisch zurückkehrt und ihn schnaufend auf der Terrasse absetzt.
Sehr schön ist unser Vogeltisch nicht, aber praktisch, denn er ist hoch genug, daß wir ihn von unseren Sitzen am Küchentisch sehen können. Großvater hat ihn aus einer alten Obstkiste angefertigt, deren Rand verhindert, daß die Sonnenblumenkerne zu Boden fallen. Der Rand hat einen Schlitz (Laubsägearbeit!), durch den die leeren Kerne in eine Papiertüte gekehrt und dann verbrannt werden. Der Tisch steht auf einem Ständer mit einem Kreuzfuß, das macht es den Katzen schwerer, hinaufzuklettern.
Jetzt geht Ominée mit einer Tüte Sonnenblumenkerne hinaus, die sie dick auf den Tisch streut. Kaum ist sie mit Großvater in die Küche zurückgekehrt, bildet unsere Kohlmeise die Vorhut und erreicht im Sturzflug den Tisch, wo sie mit akrobatischer Selbstsicherheit auf einem Fuß landet und sich umdreht, als würde sie ihren Kumpanen zurufen: »Kommt, Kinder, worauf wartet ihr noch?«
Nun setzt ein großes Flügelschlagen ein, wenn die »Kinder« der Kohlmeise folgen und sich um den Tisch drängen. Binnen einer Minute sind zwischen vierzig und fünfzig Vögel da: Kohlmeisen, Tannenmeisen, ab und zu eine Haubenmeise, Buchfinken, Grünlinge, Kernbeißer und der ganz gewöhnliche Spatz. Die Meisen nehmen das Futter in den Schnabel und fliegen damit in die Bäume, um es dort zu verzehren; die Finken dagegen bleiben am Tisch und fressen da, fast als ob sie fürchten würden, etwas zu versäumen. Die Raufbolde sind die Kernbeißer, sie sind größer als die anderen und schaffen sich mit ihren massiven Schnäbeln mühelos Platz. Ab und zu regt man sich auf und es wird laut gezetert – das sind meistens die Finken –, aber im allgemeinen herrscht erstaunlich gute Laune und nicht allzuviel Streit.
»Wenn nur eine Schwalbe kommen würde«, sage ich, »oder eine Drossel.

Man sieht sie nie auf dem Tisch.«
»Und wird sie nie sehen«, sagt Großvater. »Amseln, zum Beispiel, fressen keine Sonnenblumenkerne, sie ziehen feineres Futter vor. Die Schwalben und die Drosseln hingegen sind schon lange emigriert, wie so viele der Vögel, die du im Sommer gesehen hast. Die feinen Leute ziehen nach Süden, während das gemeine Volk« – er zeigt auf den Vogeltisch – »hierbleibt und sich irgendwie durchschlägt.«
»Und wo fliegen die feinen Leute hin?«
»Das ist verschieden. Viele Drosseln, zum Beispiel, nehmen den Weg nach Südwesten, nach Südfrankreich oder Spanien. Manchmal fliegen sie sogar nach Algerien und Marokko in Nordafrika. Die meisten Sommergäste aber fliegen in die andere Richtung, über Italien oder Griechenland nach Ägypten und in den Nahen Osten. Gewöhnlich machen sie am Nildelta Pause, und hier sammeln sie sich auch im Frühling für die Rückreise nach Europa. Die allerersten Besucher, zum Beispiel die Stare, die manchmal schon im Februar hier ankommen, sind die letzten, die im Oktober wegziehen; die Nachtigall dagegen ist empfindlicher, sie kommt im Mai und geht im August.«
»Ich verstehe nicht«, sage ich, »warum sie überhaupt zurückkehren. An ihrer Stelle würde ich im Süden bleiben, wo es schön warm ist.«
»Glaub das nicht«, sagt Großvater. »Es ist keineswegs so, daß sie Sonnenbäder nehmen und ihren Urlaub genießen, wie wir Menschen. Im Gegenteil, sie fühlen sich wie in einem fremden Land und benehmen sich gar nicht wie bei uns im Sommer. Sie singen und sie zwitschern nicht. Sie wissen, daß sie Außenseiter sind.«
»Aber woher wissen sie, wohin sie fliegen sollen? Wenn ich ohne Kompaß vom Nahen Osten nach Europa fliege, lande ich am Südpol!«
»Ja«, sagt Großvater, »das ist eine berechtigte Frage. Seit langer Zeit versuchen die Wissenschaftler und die Naturforscher herauszufinden, was eine Schwalbe dazu veranlaßt, immer wieder zum selben Haus zurückzukehren, und eine Nachtigall zum selben Busch. Es gibt zwei Erklärungen. Die erste hat mit dem Sammeln der Vögel im Herbst zu tun. Du wirst

beobachtet haben, daß die Vögel, wenn die Winde frischer werden und die Zeit zum Abflug gekommen ist, sich in großen Scharen sammeln: die Stare in den Bäumen, die Schwalben auf den Telegrafendrähten. Nun dauert es ein paar Tage, bis sie sich alle zusammengefunden haben. In dieser Zeit haben sie die Möglichkeit, die Gegend gründlich kennenzulernen, und werden sie im nächsten Jahr daher leicht wiedererkennen. Denk an die Bienen von Herrn Rakonitsch, wie sie im Frühling zum erstenmal die Stöcke verließen: Ehe sie wegflogen, blieben sie als allererstes ein paar Minuten mit dem Gesicht zum Bienenstock gewendet in der Luft, um sich ihn und seine Umgebung einmal gründlich einzuprägen und leicht wieder zurückfinden.
Nun, man glaubt, daß die Vögel vielleicht dasselbe tun: vor dem großen Abflug nach Süden prägen sie sich das Bild von Pulkau gut ein, von seinen Dächern und Bäumen und Bächen und Feldern.
Ich persönlich finde diese Theorie ein wenig weit hergeholt. Es gibt aber eine zweite, die mir wahrscheinlicher vorkommt: ihr zufolge werden die Vögel beim Abflug im Herbst von den kalten Winden getragen, die von Norden nach Südwest und Südost blasen; und beim Rückflug werden sie von denselben Winden in der umgekehrten Richtung getragen, so daß sie unweigerlich in das vertraute Gebiet kommen.
All das erklärt aber immer noch nicht, wieso die Vögel zum selben Haus, zu denselben Bäumen und zum selben Gebüsch zurückkehren.«
»Außerdem«, sagt Ominée, »fliegen viele Vögel – zum Beispiel eben die Nachtigall – vor dem Kälteeinbruch weg.«
»Die Gelehrten meinen«, sagt Großvater, »daß das eine Gewohnheit sei, die von den Vorahnen ererbt wurde, die zu einer Zeit lebten, wo die Erde kälter war und die kalten Winde früher im Herbst geblasen haben. So eine Gewohnheit wird Instinkt genannt, sie wird von einer Generation zur nächsten weitergegeben, man hat sie aber nie richtig erklären können. Instinkt ist es, der die Vögel da draußen dazu veranlaßt, die Federn gegen die Kälte aufzuplustern; und durch Instinkt wird ein Vogel, der im Käfig lebt und die Freiheit nie gekannt hat, zur Zugzeit unruhig.«

»Und mein Instinkt sagt mir«, meint Ominée, »daß die Fasane uns entdeckt haben.«
Tatsächlich: Eine schlanke, hellbraune Henne steht unter Großvaters Fasanenschutzdach, wo der Rasen noch nicht von Schnee bedeckt ist. Sie wechselt von einem Bein auf das andere und dreht den feinen Kopf immer wieder ängstlich nach rechts und links, auf der Lauer nach Feinden, während sie nervös die schönen goldenen Maiskörner pickt, die Ominée heute früh gestreut hatte.
Bald darauf bewegt sich etwas am Hang: Eine zweite Henne schaut sich vorsichtig um und läuft mit ausgestrecktem Hals und erhobenen Schwanzfedern über den Schnee zur Schutzstelle. Hinter ihr bleibt die feine, dreizackige Fasanenspur im Schnee zurück.
Innerhalb weniger Minuten sind sechs Hennen da.
Dann – aber nur dann –, wenn die Hennen einmal die Gegend ausgespäht haben, schreiten die Fasanenmännchen majestätisch den Hang herab. Ihre goldenen Federn heben sich prachtvoll gegen den verschneiten Hintergrund ab.
Seelenruhig machen sie sich über die Maiskörner her.
»Schau dir das an«, sagt Ominée. »Sie schicken die Frauen voraus, ehe sie selbst zur Futterstelle kommen. Feiglinge, das sind sie!«
Aber sie freut sich genau wie wir, daß die Fasane zu uns gefunden haben.

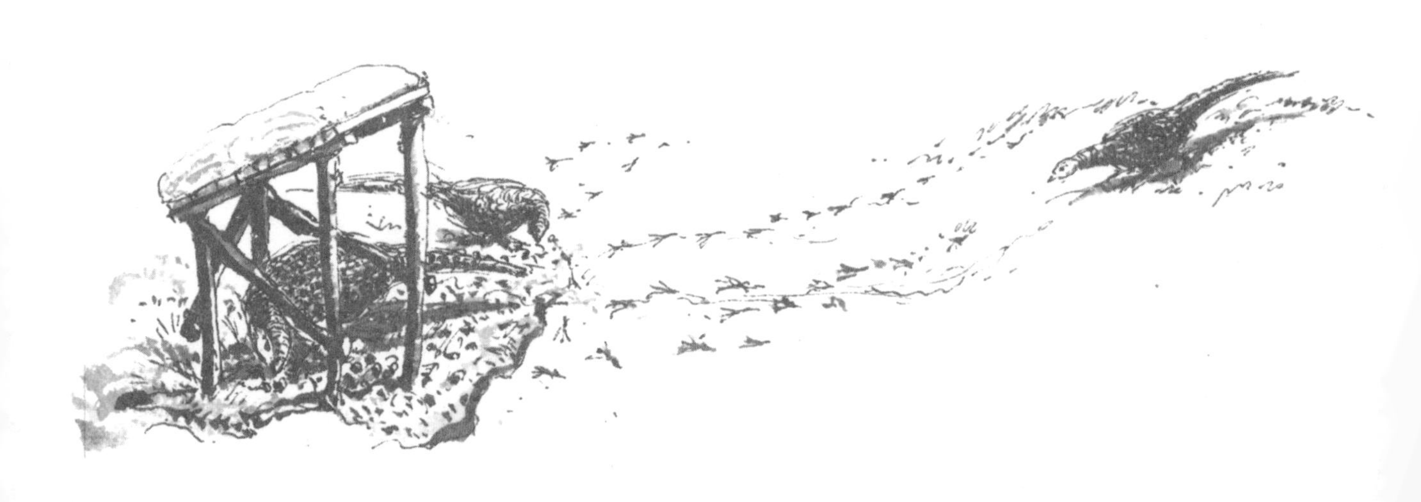

Weihnachtsvorbereitungen

Die Tage werden immer kürzer. Jeden Morgen, wenn ich aufwache, kommt etwas weniger Licht durch mein Fenster: jeden Nachmittag schließt Ominée etwas früher die Vorhänge im Wohnzimmer. Eigentlich hat das schon in der dritten Juniwoche begonnen, als die Sonne ihren höchsten Stand erreicht hatte. Damals hatte man es kaum bemerkt, jetzt aber geht es immer schneller, wie bei einem Stein, der bergab rollt. Weil die Stunden des Tageslichts weniger geworden sind, klammert man sich an sie und versucht, sie zurückzuhalten.

Kein Wunder, daß so viele Tiere den Winter durchschlafen. Manchmal, wenn es mir schwerfällt, aufzuwachen, wünsche ich, ich könnte dasselbe tun wie sie und die Augen erst wieder öffnen, wenn es Frühling ist und die Sonne scheint. Großvater aber sagt, ohne Essen und Trinken – so wie die Tiere – würde ich es nie aushalten: ein Hauch von Ominées Weihnachtsbäckerei, und schon wäre ich in der Küche, Winter hin, Winter her.

»Jede Jahreszeit hat ihren Reiz«, sagt Ominée salbungsvoll. »Wir können die langen Abende dazu nützen, das Haus für unsere Gäste zu schmücken. Vergiß nicht, daß deine Cousins zu Weihnachten kommen, mit Onkel und Tante. Wir werden zehn sein.«

Von Großvaters Lehnsessel beim Kamin kommt ein Stöhnen, Ominée scheint es aber nicht gehört zu haben.

»Eigentlich«, fährt sie fort, »haben wir gar nicht so viel Zeit. Wir könnten gleich damit anfangen, den Küchentisch zu schmücken.«

»Und ich«, dekretiert Großvater sehr laut, »werde meine Krippenfiguren hervorholen und nachsehen, ob sie in Ordnung sind, ehe ich sie aufstelle.« Und er verläßt die Küche, mit einer Emsigkeit, die nicht so sehr den brennenden Wunsch verrät, die Krippenfiguren hervorzuholen, als die feste Entschlossenheit, in eine so idiotische Beschäftigung wie Küchentischschmücken auf keinen wie immer gearteten Fall hineingezogen zu werden. Großvater hat nämlich seine Abneigungen, und eine ist die gegen

alle »läppischen« Aktivitäten.
Ominée räumt also den Tisch ab, während ich den großen Karton mit der Aufschrift WEIHNACHTEN: TISCHDEKORATIONEN aus der Werkstatt hole. In diesem Karton sind drei knorrige, verschlungene Rebenwurzeln, verschiedene Trockenblumen und vergoldete Nüsse, kleine Fichtenzapfen und eine große Auswahl Kerzen in allen Größen und Farben. Auf den Rebenwurzeln kleben immer noch die Reste von vergangenen Weihnachten: Stümpfe von violetten Kerzen, traurige, mit Silber besprühte Beeren, staubiges Plastilin, ganz ausgetrocknet. Ich erinnere mich: Vorige Weihnachten war eine junge, künstlerisch veranlagte Freundin von Ominée bei uns zu Gast, und sie war es, die den Tisch schmückte. Das Resultat war ganz in Violett und Silber, es war wohl originell, erinnerte aber – wie Großvater in ihrer Abwesenheit treffend bemerkte – verdächtig an ein Begräbnis.
Diesmal mache ich es traditionell und weihnachtlich. Nachdem ich die Rebenwurzel gesäubert habe, befestige ich hohe rote Kerzen an den Stellen, wo sie am besten zur Geltung kommen: Weinreben sind voll solcher Stellen, meistens am Treffpunkt zweier Arme, oder – noch besser – am äußersten Ende eines Armes. Die Kerzen befestige ich mit Plastilin, so geht's am leichtesten: ich klebe ein nußgroßes Stück an die Weinrebe, drücke die Kerze hinein und, wenn sie einmal fest steht, presse ich das Plastilin rund um die Kerze fest, so daß sie ungefähr zwei Zentimeter tief in der Masse steht. Dann stecke ich Trockenblumen, vergoldete Nüsse und winzige Fichtenzapfen in die Masse, bis man diese nicht mehr sieht. Als letztes befestige ich zu Füßen jeder Kerze eine goldene Masche.
Um die knorrigen Formen der Weinreben ein wenig weicher zu machen, gehe ich in den Garten und schneide drei, vier Büschel schlanke, dunkelgrüne Nadeln von der Pinie. Mit Kaltleim befestige ich sie an verschiedenen Stellen der Weinreben, wo sie natürlich aussehen und aus dem Holz zu wachsen scheinen. In jedes Büschel stecke ich eine winzige, leuchtende Goldkugel.

Als ich die letzten Handgriffe an meine drei Rebenwurzeln lege und sie in

einer Reihe auf dem Tisch anordne, kommt Ominée in die Küche.
»Reizend!« sagt sie bewundernd. »Es fehlt nur eines: ein Hauch von Schnee, auf das Holz gesprüht. Nimm aber nicht zu viel, sonst sieht's nicht natürlich aus. Übrigens, hier sind noch zwei Weinreben, die ich in der Werkstatt fand. Wie wäre es, wenn wir sie irgendwo an der Wand aufhängen würden?«
Gesagt, getan. Wir binden dünnen Draht um die Reben und hängen sie zu beiden Seiten des Spiegels in der Diele auf. Die Arme ragen in den Raum. Wir befestigen Kerzen daran, zwei, drei bunte Kugeln werden an dünnen Fäden aufgehängt, und schon haben wir zwei festliche Kandelaber, die wir zur Begrüßung unserer Gäste anzünden werden.
Inzwischen hat Großvater die Krippenfiguren geholt, die von einem Weihnachten zum nächsten auf dem Dachboden gelagert werden. Die erste Figur – natürlich die heilige Maria – machte er vor vielen Jahren. Seither ist kein Jahr vergangen, ohne daß er nicht mindestens eine Figur hinzufügte, so daß wir jetzt nicht nur die Heilige Familie haben, sondern auch einen Dudelsackspieler, einen Fiedler, zwei kleine Engel, die Posaune blasen, die Heiligen Drei Könige (einer auf einem Kamel mit einer Quaste als Schwanz) und einen übergroßen Stern. Großvater zeichnete die Figuren zuerst auf Packpapier, dann kolorierte er sie, klebte sie auf dünnes Holz und schnitt das Ganze mit einer Laubsäge aus. An jede Figur klebte er eine Stütze, damit sie steht.
Die Figuren werden in einer Gruppe unter dem Nußbaum beim Weinkeller, unweit der Küche, aufgestellt. Die offenen Kellertüren stellen die Krippe dar, zwischen ihnen sitzt Maria mit dem Kind. Der Stern hängt vom untersten Zweig des Nußbaums, und das Ganze wird von einer Lampe beleuchtet.
Für mich ist der schönste Augenblick des Heiligen Abends gekommen, wenn Großvater alle Lichter in der Küche abdreht und draußen im Garten, in einer Insel des Lichts, die Heilige Familie, ungeachtet der Kälte, der Dunkelheit und der starrenden Betrachter, ihr zeitloses Gespräch über Glaube, Liebe und Hoffnung führt.

Keine Zeit für Winterschlaf

Großvater schenkt sich eine letzte Tasse Frühstückskaffee ein, zündet die Pfeife an und entfaltet die Zeitung.
»Das Beste am Winter«, sagt er, »ist, daß man mit gutem Gewissen faulenzen kann, weil es im Garten nichts zu tun gibt.«
Eine unvorsichtige Bemerkung. Ominées Augen leuchten auf.
»Meinst du?« fragt sie.
Großvater beugt sich über die Zeitung. Er tut es mit leidenschaftlicher Hingabe und gibt vor, Ominées Frage nicht gehört zu haben.
»Ich kann an eine ganze Reihe Dinge denken«, fährt Ominée fort, »die zu machen wären.«
Großvater zieht an seiner Pfeife und liest weiter. Ich merke aber, daß er nicht wirklich liest, er starrt nur die Zeitung an.
»Zum Beispiel, die Gartengeräte putzen«, sagt Ominée unnachgiebig.
Das ist ein absoluter Tiefschlag. Ominée weiß ganz genau, wie sehr wir diese Arbeit hassen, Großvater und ich. Du mußt aber wissen, daß zu dieser Jahreszeit, wenn der Garten zwischen dem dunklen Himmel und der gefrorenen Erde eingeklemmt ist und man glauben möchte, ihm wird das Leben ausgequetscht, zu dieser Jahreszeit also wird Ominée seltsam unruhig.
Manchmal sieht man sie durch den Garten schreiten, die Hände in den Taschen ihrer Lammfelljacke, die Schnürlsamthose in die Stiefel hineingesteckt, eine Pelzmütze tief über die Ohren gezogen: sie bleibt bei jedem Strauch und jedem Baum stehen und betrachtet ihn lange, bis sie zum nächsten geht.
An anderen Tagen, wenn das Wetter zu solchen Ausflügen zu ungnädig ist, steht sie am Küchenfenster und schaut auf den Obstgarten hinaus. Dabei bewegen sich ihre Lippen ein wenig, als würde sie sich mit den Obstbäumen unterhalten und sie ermuntern, bis zum Frühling den Kopf hochzuhalten.

Großvater beobachtet sie mit Unbehagen. Er weiß, daß ihre nachdenklichen Stimmungen nie sehr lange anhalten und meist von wilden Tätigkeitsausbrüchen gefolgt werden, mit denen sie offensichtlich die Energie abarbeiten muß, die sich während der Wintersperre in ihr aufstaut.
Wie, zum Beispiel, heute.
Großvater sieht den Blick in Ominées Augen, legt die Pfeife weg und seufzt.
»Manchmal wünsche ich mir, du wärst ein netter, kuscheliger Bär«, sagt er, »und würdest den ganzen Winter durchschlafen.«
Ominée ist aber kein netter, kuscheliger Bär. Sie meint es ernst, und bald sind wir in Schals und Wollmützen eingemummt. Wir holen Spaten, Gabeln, Jäter und all die anderen Gartengeräte aus der Werkstatt und legen sie auf die Küchenterrasse.

Jetzt geht die Arbeit los: Jedes Gerät wird in einen Eimer heißes Wasser getaucht, der Schmutz und der getrocknete Schlamm werden mit einer harten Bürste entfernt und das Ganze getrocknet. Dann wird ein Lappen mit Maschinenöl getränkt und damit die Metallteile des Gerätes behandelt; die hölzernen Griffe werden mit Leinöl eingefettet.
Hast du je an einem bitterkalten Frosttag die Hände in Wasser – wenn auch heißes Wasser – getaucht? Es ist die schnellste Art, die ich kenne, Frostbeulen zu kriegen. Nach zehn Minuten tanzen wir herum, Großvater und ich, stecken die Hände unter die Achseln oder schlagen sie zusammen, um das Blut wieder in die Fingerspitzen zu bringen.
Endlich sind wir mit den Geräten fertig. Sie hängen blank wie neu und einsatzbereit auf ihren Haken in der Werkstatt.
Mit uns selbst äußerst zufrieden, gehen wir zurück ins Haus. Ominée macht uns die Küchentür auf.
»Ist euch sehr kalt?« fragt sie besorgt. »Ich hätte nämlich noch Arbeit für euch. Ihr habt Glück: bei der wird euch ganz warm!«
Die Reaktion der zwei Beglückten auf dieses großzügige Angebot will ich lieber nicht schildern. Sie war nämlich so blitzartig und so treffend, daß es nicht einmal Ominées Überredungskunst gelang, Großvater und mich zu

hindern, uns die Wärme in der Küche und nicht im Freien zu holen.
Wir wissen aber, daß die Sache nur aufgeschoben ist. Die anderen Arbeiten warten auf uns, und wir können sicher sein, daß Ominée dahinter sein wird, daß sie alle erledigt werden. So wird dann die Hecke ein Drittel gekürzt, dabei wird sie oben schmäler als unten geschnitten, das fördert den Wuchs (Großvater: »Zahnlos u n d kurz, das ist zuviel!«); die jüngeren Obstbäume werden mit Hühnerdraht geschützt (erinnerst du dich an den Osterhasen voriges Jahr?); der Sommerflieder (Buddleia) wird bis auf eine Höhe von dreißig Zentimeter zurückgeschnitten, damit er nächsten Sommer schöne volle Blütendolden hervorbringt; die immergrünen Sträucher – Buchs, Föhre, Zypresse, Rhododendron, Schneeball – werden an jedem frostfreien Tag gewässert, denn Ominée sagt, daß sie im Winter mehr Schaden durch Durst erleiden als durch Kälte; ihre Äste werden regelmäßig vom Schnee befreit, damit sie nicht unter dessen Gewicht brechen.
Abends, im Lampenlicht, nimmt sich Ominée die zahlreichen Kataloge vor, die ununterbrochen mit der Post ins Haus flattern. Schweigend und aufmerksam wendet sie die Seiten, mit dem Bleistift zeichnet sie hier ein Kreuz, da ein Fragezeichen. Ab und zu hebt sie den Kopf und starrt in das Kaminfeuer. Da sieht sie nicht die großen Holzscheite und nicht die knisternden Flammen, sondern Narzissen unter Bäumen, bunte Blumenrabatten, Rosen, die über den Gartenzaun spülen, Kräuter, die ihren würzigen Duft in der heißen Sommerluft verströmen. Und der Rasen, ach! der Rasen unter dem Maulbeerbaum! Nächstes Jahr wird er grün und eben sein, ohne Glatzen, ohne Unkraut. Wie ein Teppich wird er sein.
Ominées Augen leuchten.
Großvaters Blick trifft meinen. Wir lächeln einander verständnisvoll zu.

Erstes Tauwetter

Der Frühling ist ein schlauer Kerl. Gegen Ende des Winters, wenn die Erde noch hart ist wie ein alter Knochen, wenn die Bäume noch trocken sind wie Sperrholz und keinen Tropfen Saft haben, der ein bißchen Grün in ihre starren schwarzen Stämme bringen könnte, und wenn du im Grunde deines Herzens (obwohl du es natürlich niemals zugeben würdest) eigentlich schon genug hast von der Schneedecke, die einst so weiß war und jetzt aussieht, als müßte sie gewaschen werden – genau zu dieser Zeit streckt der Frühling vorsichtig seine Fühler aus. Er schickt Signale an Vater Winter, um ihn wissen zu lassen, daß er aufgewacht ist und seine Glieder streckt, und daß Vater Winter gut daran täte, seinen Koffer zu packen und sich reisefertig zu machen.

Heute landete eines dieser Signale auf meiner Nase.

Vom Dach über dem Hauseingang hängt ein riesiger Eiszapfen und schmilzt in der winterlichen Morgensonne. Ein Tropfen, den das Sonnenlicht in einen winzigen runden Regenbogen verwandelt, rutscht ruckweise den Eiszapfen entlang, bis er, ganz unten angekommen, zu einer großen Kugel anschwillt. Dann streckt er sich, bis er birnenförmig wird, sein Hals wird immer dünner, und mit einem letzten Zittern landet er – plumps! – auf der Stufe.

Oder auf meiner Nase.

Tropf-zitter-plumps, tropf-zitter-plumps, so geht es den ganzen Tag.

Wie winzige Trommeln.

Morgen ist es wieder kalt, und vom Dach hängt ein neuer Eiszapfen.

Warum schickt der Frühling seine Trommler voraus? Fürchtet er vielleicht, daß der Winter nicht reisefertig ist, wenn er kommt? Oder gibt er nur an?

Schlauer Kerl!

Der Winter ist ein alter Mann

Heute schickte der Frühling seine zweite Warnung hinaus. »Hallo Winter!« hörte ich ihn hinter den Hügeln rufen, »hast du deine Koffer gepackt? Habe ich dir nicht gesagt, daß ich unterwegs bin? Es ist Zeit, daß du dir deinen weißen Bart in das Hemd steckst und weggehst, sonst bin ich eines Tages da, und was wirst du dann machen? Also los, weg mit dir!«

Der Winter ist zwar schon ein alter Mann, aber er ist genauso schlau wie der junge Frühling. Es gibt Tage, wo er tatsächlich weggeht, aber nur auf ein paar Stunden, sozusagen als Vorwand. Und dann kommt er fingerschnappend zurück. Heute ist so ein Tag.

Plötzlich weht ein warmer Wind über das Land (vielleicht gähnt der Frühling?) und bringt dünne weiße Wolkenstreifen, die über blaue Himmelsflecken ziehen. Das Thermometer zeigt auf einmal zehn Grad, und wenn die Sonne auf die Baumstämme im Obstgarten scheint, merkst du, daß sie einen grünlichen Schimmer haben, der gestern noch nicht da war. Irgendwo in den Zweigen piepst ein Vogel. Ominée geht durch das Haus und öffnet alle Fenster.

Herr Rakonitsch steht am Ende der Mittelwiese und winkt mir zu. Ich laufe sofort hin, denn wenn Herr Rakonitsch winkt, heißt das, daß etwas Interessantes los ist.

»Komm und hilf mir mit den Bienen!« sagt er. »Ich muß die Stöcke vor dem ersten Ausflug ausräumen.«

Zusammen machen wir die Runde. Es sind insgesamt sieben Stöcke. Wir nehmen die Bodenladen heraus und mit ihnen die Pappendeckel, die Herr Rakonitsch vor dem Winter in die Laden legte. Die Pappendeckel sind voll Abfall und toter Bienen, die den Winter nicht überlebten. Herr Rakonitsch reinigt die Pappendeckel sorgfältig und legt sie wieder in die Laden.

»Das mußt du vor dem ersten Ausflug der Bienen tun«, sagt Herr Rako-

nitsch, »denn wenn sie herauskommen und all diese Leichen herumliegen sehen, werden sie sie sofort hinaustragen und begraben wollen, und dann könnten sie in der kalten Luft erfrieren. Bienen erkälten sich nämlich sehr leicht, besonders wenn sie nach einem langen Winter schwach und hungrig sind. Noch dazu sind sie ordnungsliebend und würden nie die Leichen herumliegen lassen. Es ist also gut, wenn man ihnen die Arbeit abnimmt.«
Es geschieht auch keine Sekunde zu früh. Kaum ist die Sonne über das Rakonitsch-Dach gestiegen und scheint auf die Stöcke, schaut die erste Biene heraus und kriecht, im ungewohnt starken Licht blinzelnd, auf das Flugbrett. Sie ist, wie Herr Rakonitsch sagte, ordnungsliebend, also fängt sie gleich an, Toilette zu machen. Ihre sechs Beine sind mit Bürsten versehen. Mit den zwei vordersten geht sie daran, die Augen und den Kopf zu reinigen. Die Vorderbeine haben außer den Bürsten noch winzige Kämme, mit Hilfe derer die Biene ihre Fühler von Staub säubert. Mit den zwei mittleren Beinen putzt sie sich die Flanken, und mit den Hinterbeinen den Bauch.
»Gut, daß wir keine sechs Beine haben«, sagt Herr Rakonitsch und lächelt, »sonst hätten wir keine Ausrede, wenn wir hinter den Ohren schmutzig sind. Es gibt aber eine Stelle, die die Biene nicht erreicht, und das ist der Rücken. Wenn sie will, daß man ihr den Rücken kratzt, fängt sie an, heftig zu zittern. Damit macht sie die anderen Bienen auf sich aufmerksam, die herbeikommen und ihr mit den Zähnen den Rücken putzen. Wenn das keine Zusammenarbeit ist!«
Fühlt die Biene sich vom Winterschmutz gründlich befreit, macht sie ihren ersten Ausflug, und zwar zur nächsten Wasserstelle. Vorher jedoch dreht sie sich im Flug um und sieht sich den Bienenstock genau an, falls sich den Winter über irgendwas daran geändert hätte.
»Die Bienen haben ein sehr langes Sehgedächtnis«, erklärt Herr Rakonitsch. »Wenn eine Biene sich einmal an die Situation und das Aussehen ihres Stockes gewöhnt hat, wird sie immer ohne Zögern wieder hinfliegen. Aus diesem Grund muß jeder Stock seine eigene Farbe für Flugbrett und Fenster haben, damit seine Bewohnerinnen ihn von den anderen unter-

scheiden und von weither erkennen können. Die Bienen reagieren sehr empfindlich auf Farben sowie auf Gerüche und Geräusche. Wenn du sie behandelst, mußt du leise sein und deine Hände dürfen keinen Geruch haben, sonst werden sie nervös und können stechen. Eine der besten Methoden, um sie zu beruhigen, während du im Stock arbeitest, ist die, eine Pfeife zu rauchen: der Geruch des Rauches treibt sie von den Waben weg.«

Jetzt kommen alle Bienen heraus, eine nach der anderen, und setzen zu ihrem ersten Flug an. Ein geschäftiges Summen hebt an, daß man glauben könnte, es wäre Sommer.

Zu dieser Jahreszeit aber geht die Sonne schnell unter, und die Bienen kehren bald heim.

»Paß gut auf«, sagt Herr Rakonitsch. Die Bienen landen auf dem Flugbrett, stellen sich in Reihen auf und beginnen bei erhobenem Hinterleib sehr schnell die Flügel zu schlagen.

»Das nennt man sterzeln«, sagt Herr Rakonitsch. »Jede Biene hat im Hinterleib ein Duftorgan. Mit den Flügeln fächelt sie ihren Duft in die Gegend. Das ist ihr Freudenlied. Kein Wunder, daß sie sich freut, nachdem sie den ganzen Winter im Dunkeln verbracht hat. Aber wart einmal! Hier stimmt etwas nicht – die Bienen in diesem Stück sterzeln nicht richtig, schau sie an!«

Eigentlich sterzelten die Bienen in diesem Stock überhaupt nicht, sie liefen vielmehr ängstlich hin und her, als ob sie etwas suchen würden.

»Sicher haben sie ihre Königin verloren«, sagt Herr Rakonitsch. »Wahrscheinlich ist sie während des Winters gestorben, oder sie ist vom ersten Ausflug nicht heimgekehrt. Das ist schlimm. Wir werden ihnen eine neue Königin geben müssen, denn nur die Königin legt Eier – sie macht nichts anderes, ihr Leben lang. Wenn es keine Eier gibt und keine jungen Bienen, die im Frühling den Nektar von der Obstblüte holen, dann kann ich meinem Honig für heuer ade sagen!«

»Aber wo findet man eine neue Königin?« frage ich.

Herr Rakonitsch lächelt schlau. »Ich habe den ganzen Winter über eine in

Reserve gehalten, für so einen Notfall.«
»Dann geben wir sie doch gleich jetzt hinein!« sage ich, »damit die armen Bienen nicht mehr traurig sind!«
»Nicht jetzt«, sagt Herr Rakonitsch. »Die Sonne ist untergegangen und die Luft ist zu kalt. Wenn ich den Stock wieder öffne, werden sie alle frieren. Wir verschieben es auf einen anderen Tag.«
»Te-e-e-e, Te-e-e-e!« ruft Ominée über die Felder.
Ich laufe zum Haus zurück, die Kälte beißt schon in meine Nasenspitze.

Schmetterling per Post

Frühstück. Auf Großvaters Platz liegt ein Paket. Es ist ein mittelgroßes Paket, schwer beschreibbar, ohne besondere Merkmale, nach denen man den Inhalt erraten könnte. Gewöhnlich ist auch die Schnur, sie könnte von überallher stammen. Interessant sind lediglich die Briefmarken.
Nun wirst du denken, an einem Paket mit Briefmarken ist nichts Ungewöhnliches. Aber: erstens bekommt Großvater nicht viele Pakete; und zweitens, die Briefmarken könnten – ich sage *könnten* – eine ganz außergewöhnliche Bedeutung haben.
Also warten wir alle ungeduldig, bis Großvater zum Frühstück kommt. Überflüssig zu erwähnen, daß er sich heute besonders viel Zeit läßt, so daß wir, als er endlich erscheint, schon wie auf heißen Kohlen sitzen.
Er macht die Runde und gibt uns allen einen Guten-Morgen-Kuß, dann setzt er sich, entfaltet mit enervierender Langsamkeit seine Serviette, schaut zum Fenster hinaus, sagt, es muß in der Nacht geschneit haben, steht wieder auf, um zu sehen, ob genug Futter auf dem Vogeltisch draußen ist, geht zum Barometer hinüber und klopft daran, sagt, es müßte Schnee unterwegs sein, und setzt sich endlich wieder hin, diesmal endgültig. Wir sind am Ende unserer Geduld.

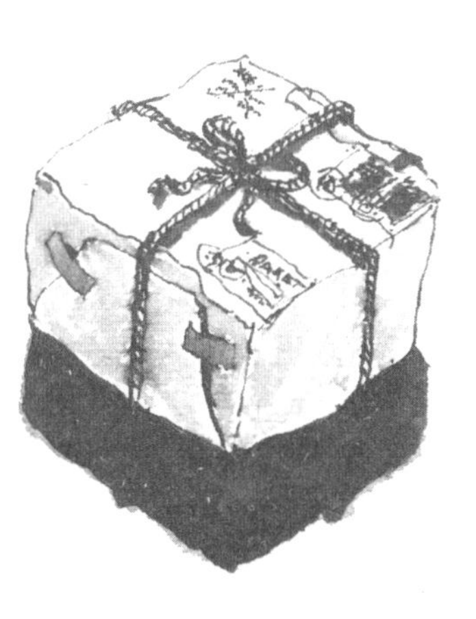

Seine Augen ruhen auf dem Paket.
»Aha! Was ist das? Ein Paket!«
Und nachdem er dieses Musterbeispiel unwiderlegbarer Weisheit von sich gegeben hat, nimmt er ein Stück Brot und fängt an, es mit einer Behutsamkeit zu bestreichen, die uns zum Bersten bringt.
Ominée, die das Ganze augenzwinkernd verfolgt hat, kommt mir endlich zu Hilfe.
»Willst du es nicht aufmachen, Schatz?«
»Was aufmachen?« fragt Großvater, aber während er noch spricht, zieht ein Grinsen über sein Gesicht, und wir wissen, daß er uns die ganze Zeit zum besten gehalten hat.
Großes Geschrei erhebt sich:
»Mach es doch auf, Großvater, bitte!«
»Also gut, machen wir es auf!« Und Großvater fängt an, die Knoten zu öffnen – mit den Fingern versteht sich, denn er hat einen Schnuraufhebtick –, dann schlägt er das Packpapier auseinander. Es folgt Wellpappe, mit noch mehr Schnur, und dann –
»A-a-h!« Ein Seufzer. Auf Großvaters Platz liegen mehrere kleine Kartons, wie Streichholzschachteln, nur größer. Jede Schachtel trägt ein Etikett und hat auf der Unterseite kleine Löcher.
Großvater hebt die Schachteln eine nach der anderen auf und liest die Etiketten vor:
»Schwalbenschwanz, Segelfalter, Ligusterschwärmer, Großes Wiener Nachtpfauenauge . . . «
»A-a-h!« kommt der zweite Seufzer, denn jetzt wissen wir, bestimmt und zuverlässig: die Schmetterlingspuppen sind da.
Großvater blickt mir in die Augen.
»Du weißt natürlich, was eine Puppe ist.«
Überflüssig zu erwähnen, daß ich keine Ahnung habe. Er erklärt also:
»Schmetterlinge haben, mit wenigen Ausnahmen, ein kurzes Leben – meistens bloß ein paar Wochen. Ehe sie sterben, legen sie ihre Eier, und nach einer kurzen Weile verwandeln sich die Eier in Raupen. Diese Rau-

pen werfen mehrmals – meistens vier oder fünf Mal – ihre Haut ab, und nach jeder Häutung wachsen sie ein bißchen. Ein paar Wochen später, wenn die Raupen ausgewachsen sind, verfärbt sich die Haut und wird hart. Eines Tages öffnet sie sich, und heraus kommt der Schmetterling. In diesen Schachteln sind lauter Puppen.«
Großvater öffnet die Schachteln, nimmt die Puppen heraus und legt jede Puppe oben auf ihre Schachtel hin.
»Das sind aber grausliche Maden!« sage ich empört.
»Freilich sehen sie so aus«, sagt Großvater, »wenn du sie aber näher anschaust, siehst du, daß jede Made einen Kopf, einen Körper, Flügel und Fühler hat, mit anderen Worten, alles, woraus ein Schmetterling besteht. Nur ist das alles in einer dünnen Haut eng gefaltet. Manchmal kriecht die Puppe schon nach vierzehn Tagen aus ihrer Haut, diese Puppen aber, die wir hier haben, haben überwintert.«
Großvater zeigt auf zwei rotbraune Puppen.
»Das sind die Puppen des Ligusterschwärmers und des Großen Wiener Nachtpfauenauges. Das sind Nachtfalter – Schmetterlinge, die nur bei Nacht fliegen. Nachtfalterraupen spinnen sehr oft einen feinen Faden um sich, das Gespinst nennen wir einen Kokon, und in diesem Kokon überwintern sie.«

»Mir kommen sie alle tot vor«, sagt Ominée, die manchmal etwas mißtrauisch ist. »Ich glaube, der Händler hat dich hineingelegt.«
»Das werden wir bald feststellen«, sagt Großvater. Sehr vorsichtig drückt er die Schmetterlingspuppen zwischen Daumen und Zeigefinger. »Siehst du, sie zucken mit dem Schwanz, das bedeutet, daß sie leben. Den Versuch kannst du bei den Nachtfaltern nicht machen, denn ihre Puppen sind immer noch im Kokon und spüren den Druck nicht. Sie sind aber sicher alle am Leben, der Händler ist anständig.«
»Und was geschieht jetzt?« frage ich.
Großvater wird plötzlich energisch.
»Wir gehen alle an die Arbeit. Du gehst hinaus und holst Moos, genug Moos, um den Raum zwischen den Doppelfenstern in der Küche zu füllen,

wo die Morgensonne hereinkommt. Ominée holt ein Stück Musselin, das so groß sein soll wie das Außenfenster. Und ich hole die Handspritze aus der Werkstatt.«

Hast du je versucht, an einem Wintertag, an dem Schnee liegt und die Temperatur kaum über Null zeigt, Moos zu finden? Wenn nicht, dann gebe ich dir einen Rat: Versuch es erst gar nicht!

Nachdem ich den Schnee vom halben Obstgarten weggeschaufelt habe, finde ich endlich ein Stück Moos, das so hartgefroren ist, daß ich es mit der Spitzhacke heben und brechen muß, damit ich die Stücke in das Küchenfenster legen kann.

Inzwischen hat Ominée ein großes Stück Musselin zurechtgeschnitten und es mit Reißnägeln am Fenster befestigt. Nach einer Weile sind die Eiskristalle auf dem Moos in der warmen Luft aufgetaut, und Großvater legt vorsichtig die Puppen darauf.

»So. Diese zwei hier sind die Nachtfalter. Wir erkennen sie an ihren Kokons.«

»Was geschieht jetzt?« fragt Ominée.

»Jetzt lassen wir sie zwischen den Fenstern liegen. Im Lauf der nächsten Wochen werden die Schmetterlinge sich langsam entwickeln, obwohl die Puppen immer noch wie tote Maden aussehen. Die Körperteile, die wir schon jetzt unter der Haut erkennen, werden immer deutlicher, bis eines Tages die Schmetterlinge vollständig ausgebildet sind.«

»Und dann?«

»Und dann, an einem Frühlingstag, wenn die Sonne scheint und es warm ist, beginnen die Schmetterlinge sich den Weg aus der Haut freizumachen. Und wenn du einen Schwalbenschwanz siehst, der aus jener unansehnlichen kleinen Made herausklettert und seine herrlichen schwarz-gelben Flügel mit den blauen Rändern und den roten Punkten entfaltet, dann weißt du, was ein Wunder der Natur ist!«

»Wann wird es soweit sein?«

»Zu der Zeit, wenn die Pflanzen junge Blätter austreiben, die den Raupen als Futter dienen. Die Schmetterlinge wissen instinktiv, wann diese Zeit

gekommen ist.«
»Und was geben wir den Puppen zu fressen?«
»Gar nichts. Sie haben genug Vorrat für den ganzen Winter. Nur das Moos muß feucht gehalten werden, daher die Handspritze mit Wasser.«
»Wozu hat Ominée Musselin auf das Fenster gelegt?«
»Das wirst du schon sehen, wenn die Zeit gekommen ist. Frag nicht so viel und laß mich frühstücken.«
Und Großvater setzt sich hin, gießt sich eine Tasse Kaffee ein und streicht sich ein zweites Butterbrot.

Der Frühling ruft von fern

»Guten Morgen«, sagt der Winterling zur Sonne. »Du kommst aber spät.«
»Hör mir bitte mit deinen Bemerkungen auf!« schnappt die Sonne. »Voriges Jahr zur selben Zeit hast du mir dasselbe gesagt. Dabei habe ich dir genau erklärt, warum es nicht stimmt, daß du der erste im Garten bist. Jetzt fange ich nicht wieder an.«
»Schon gut, schon gut«, sagt der Winterling, »keine Ursache, sich aufzuregen. Wie war der wunderschöne Monat Mai, von dem du mir erzählt hast?«
»Red mir nicht vom Mai«, sagt die Sonne verdrossen, »es war eine einzige Katastrophe. Die Bienen sind verspätet ausgeflogen, Ominée hatte ihre üblichen Sorgen mit dem Rasen unter dem Maulbeerbaum, und der Winter hat uns am Ende des Monats einen späten Besuch abgestattet, so daß der Küchengarten ausgeschaut hat, als hätte ihn der Großvater mit einem Flammenwerfer behandelt. Wahrscheinlich war das die Rache des Winters am Frühling, der ihn schon im Februar hinausbugsieren wollte. Ein bißchen vorlaut ist er schon, der Frühling, man muß ihn ab und zu zurechtweisen.«

»Möglich«, sagt der Winterling, »aber ich höre ihn so gern, wie er von fern ruft. Sonst keine Nachrichten?«
»Nun«, sagt die Sonne, »alle sind wieder da, die Amsel und der Specht, der Pirol und die Nachtigall, die Schmetterlinge und Max und Moritz. Von den Schnecken und den Igeln und den Fasanen und den Hasen gar nicht zu reden. Alle alten Bekannten. Es ändert sich kaum etwas von einem Jahr zum anderen.«
»Und an Neuigkeiten hast du nichts zu berichten?« fragt der Winterling beharrlich.
»O ja«, sagt die Sonne, »auf eines hätte ich fast vergessen. Es gab eine große Aufregung wegen des Maulbeerbaums. Ein dicker Ast ist abgebrochen, und alle haben gesagt, der Baum wäre tot und man sollte ihn am besten fällen. Die arme Ominée war furchtbar aufgeregt – du weißt, wie sehr sie den Baum liebt.«
»Kein Wunder«, sagt der Winterling, »ich kann mir den Hof ohne ihn gar nicht vorstellen. Was ist dann geschehen?«
»Nun, Ominée und Großvater haben sich entschlossen, einen Experten zu fragen. Der ist gekommen und hat gesagt, der Baum sei gar nicht tot, nur vernachlässigt. Er werde in den nächsten Jahren nach und nach die großen Äste schneiden, und neue würden nachwachsen.«
»Großartig!« sagt der Winterling.
»Und weißt du, was der Experte gesagt hat? Er hat gesagt, der Baum könnte unter Umständen tausend Jahre alt werden!«
»Nicht möglich!« sagt der Winterling. »So alt werde ich nie!«
Die Sonne lächelt.
»Ich schon«, sagt sie. »Ich werde dabei sein, wenn der Maulbeerbaum stirbt. Übrigens, du bist gewachsen, wie ich sehe.«
»Nicht wahr?« sagt der Winterling. »Ich habe geheiratet, und das hier sind meine Kinder.«
»Eine prächtige Familie«, sagt die Sonne, »ganz der Papa.«
»Wirst du ihnen vom Monat Mai erzählen«, fragt der Winterling, »wie du es voriges Jahr für mich getan hast?«

»Freilich«, sagt die Sonne. »Hoffentlich werden sie dabei nicht melancholisch, so wie du.«
»Ich glaube nicht«, sagt der Winterling. »Ich bin überhaupt ein melancholischer Typ. Ich frage mich oft, wozu ich auf der Welt bin, da ich doch so früh im Jahr blühe und dann wieder verwelke, ehe der Garten wirklich anfängt, aufzuleben. Ein bißchen zwecklos komme ich mir manchmal schon vor.«
»Paß auf«, sagt die Sonne.
Die Haustür geht auf. Ominée und Großvater stehen auf der Treppe.
»Die Sonne ist noch nicht sehr warm«, sagt Großvater, »aber man freut sich, sie wiederzusehen.«
Sie blicken auf den noch winterlichen Garten. Plötzlich bricht ein gellender Schrei die Stille: Ominée stürzt den Gartenweg entlang zur Ecke unter der Schlingrose.
»Ein Winterling!« ruft sie und bückt sich, bis ihr Gesicht ganz nahe an der kleinen Blume ist. »Die erste Blume! Jetzt weiß ich, daß der Frühling kommt!«
»Siehst du?« sagt die Sonne. »Was hast du gesagt? Etwas über Zwecklosigkeit?«
Mit diesen Worten verschwindet sie hinter der Efeumauer, und sofort wird die Luft kalt.
»Komm herein!« ruft Großvater. »Du wirst dich erkälten.«
Ominée steht aber immer noch über den Winterling gebeugt.
»Was für ein entzückendes, sensibles Ding!« sagt sie. »In dem Augenblick, in dem die Sonne untergeht, schließt er die Blätter. Und weißt du, ich könnte schwören, er hat über das ganze Gesicht gelächelt!«

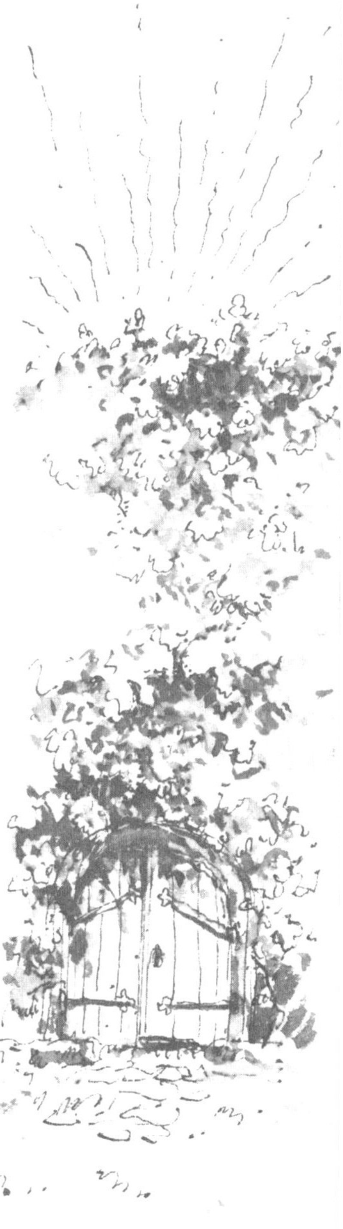

Was noch in unserm Garten wächst

(und was ihr vielleicht anders nennt)

Fisolen = grüne Bohnen
Karfiol = Blumenkohl
Karotten = Möhren
Marillen = Aprikosen
Melanzane = Eierfrüchte
Rasen, der nur ein „Fleckerlteppich“ ist = Flickenteppich
Zwetschken = Pflaumen